COMPARTE
Haz que Cristo sea una realidad para otros

Joel Comiskey

CCS Publishing

www.joelcomiskeygroup.com

Publicado por CCS Publishing
23890 Brittlebush Circle
Moreno Valley, CA 92557 USA
1-888-344-CELL

El títutlo original fue *Comparta: Haga Que Cristo Sea Real Para Otros*

Traducción y edición: CREED España.
Traductor: Samuel Alvarado.
Editores: Jorge Maldonado y Robert Reed.
Diseño: Josh Talbot.
Interior: Sarah Comiskey.

CCS Publishing es parte del ministerio de Joel Comiskey Group, un ministerio dedicado a ofrecer recursos y asesoramiento a líderes e iglesias del movimiento celular mundial.
www.joelcomiskeygroup.com

Catálogo del libro *Share* en inglés es:
Publisher's Cataloging-in-Publication
(Provided by Quality Books, Inc.)

Comiskey, Joel, 1956-
    Share: make Christ real to others / Joel Comiskey.
    p. cm.
    Includes bibliographical references and index.
    ISBN 0975581945
    (*Comparta* in Spanish ISBN 9781935789000)

    1. Spiritual life--Christianity. 2. Witness bearing
(Christianity) 3. Spiritual formation.   I. Title.

BV4501.3.C6556 2007   248.4
                             QBI06-600332

Tabla de Contenido

Introducción. 5

Lección 1: Comparte las Buenas Noticias 7

Lección 2: Siembra la semilla. 15

Lección 3: Evangeliza a los que te rodean. 25

Lección 4: Busca las puertas abiertas. 35

Lección 5: Cómo compartir el mensaje 47

Lección 6: Comparte tu experiencia 61

Lección 7: Pesca con una red 71

Lección 8: Atiende las necesidades como grupo 79

Apéndice: Cómo asesorar a otros usando este material 89

Índice 93

Introducción

Cuando le dijeron al apóstol Pedro que dejara de compartir las buenas noticias acerca de Jesús, Pedro les contestó: "… No podemos dejar de hablar de lo que hemos visto y oído" (Hechos 4:20). Pedro había visto a Jesús y recibido Su perdón. Vio a Jesús resucitado, sabía que Él iba al cielo y tenía una pasión por compartir las buenas noticias.

Evangelizar es hablar sobre aquello que te apasiona. Es muy fácil sentirse apasionado por unas noticias que son muy buenas. Cuando te sientes entusiasmado por algo especial en tu vida, como una promoción, lo más natural es que lo compartas. La palabra *evangelización* en griego significa anunciar buenas noticias. La buena noticia es que hombres y mujeres pueden ser salvos de sus pecados al creer que Jesús murió y resucitó por ellos. Y esta noticia es sumamente buena.

Las técnicas de evangelización no te infunden pasión. Sólo Jesús te la puede dar. Saber cómo compartir tu fe reforzará tu confianza. Por eso he escrito este libro. Mi meta es clarificar lo que significa compartir el evangelio y comunicar algunos pasos para que lo puedas hacer más eficazmente.

Recursos adicionales

Comparte es uno de cinco libros que preparan al creyente para llegar a ser un seguidor maduro de Jesucristo. La meta de este libro es enseñarle a compartir eficazmente el mensaje del evangelio con otros.

Si estás interesado en los otros cuatro libros de la serie, puedes comprarlos en www.joelcomiskeygroup.com o llamando al teléfono 1-888-344CELL (en EE.UU.) o www.creedrecursos. es (en España).

Puedes usar este libro de forma individual, en un pequeño grupo o en un salón de clases. Muchas iglesias usan este material en grupos. Es la manera más usual, pero no la única.

Los bosquejos para la enseñanza y los PowerPoints para todos los cinco libros de asesoramiento de esta serie están en un CD. Puedes comprar ese CD en el sitio web o por el número telefónico que figura arriba.

Comparte las Buenas Noticias

Durante los tiempos del Antiguo Testamento, un rey enemigo, llamado Ben-Hadad de Harán, movilizó a su ejército para sitiar y atacar a Israel. Enfrentando una muerte segura dentro o fuera de la ciudad, cuatro hambrientos leprosos israelitas decidieron rendirse al ejército invasor. Llegaron, sin esperanzas, al campamento enemigo para descubrir que los enemigos se habían esfumado. Ropa y comida había por todas partes. Comieron y bebieron todo lo que pudieron. Escondieron plata, oro y ropa. Entonces se dijeron los unos a los otros: "Esto no está bien. Hoy es un día de buenas noticias y no las estamos dando a conocer. Si esperamos hasta que amanezca, resultaremos culpables. Vayamos ahora mismo al palacio real" (2 Reyes 7:9). Estos leprosos sabían que todo el pueblo de Israel estaba con hambre y desesperadamente necesitaba saber lo que ellos habían descubierto. Decidieron compartir lo que habían encontrado.

La evangelización es simplemente compartir las buenas noticias con aquellos que las necesitan desesperadamente.

Compartiendo las buenas noticias

Pablo se refiere al evangelio como el "poder de Dios para la salvación de todo aquel que cree" (Romanos 1:16). El evangelio tiene el poder inherente para transformar la vida y prepararla para la eternidad. Este mensaje poderoso es que Jesús murió por nuestro bien y que resucitó.

A semejanza de los leprosos hambrientos que encontraron comida y decidieron compartirla con otros, aquellos cuyas vidas han sido transformadas por el evangelio quieren, naturalmente, compartir las buenas noticias. Pablo dijo: "Ahora bien, ¿cómo invocarán a aquel en quien no han creído? ¿Y cómo creerán en aquel de quien no han oído?

¿Y cómo oirán si no hay quien les predique?" (Romanos 10:14). La evangelización es permitir que otros participen de aquello que Cristo ha hecho en sus vidas.

Cristo empezó Su ministerio proclamando las buenas noticias y lo concluyó confiando en que sus seguidores las proclamarían. Las últimas palabras de Jesús fueron: «Se me ha dado toda autoridad en el cielo y en la tierra. Por tanto, vayan y hagan discípulos de todas las naciones, bautizándoles en el nombre del Padre y del Hijo y del Espíritu Santo, y enseñándoles a obedecer todo lo que les he mandado a ustedes. Y les aseguro que estaré con ustedes siempre, hasta el fin del mundo» (Mateo 28:18–20).

¡Inténtalo!

Lee 2 Corintios 5:14–15.
¿Cuál debe ser la motivación para compartir las buenas noticias?

_____

_____

_____

¿Qué hizo Jesús en tu vida que puede motivarte a compartir las buenas noticias con otros?

_____

_____

_____

_____

_____

_____

¡Inténtalo!

Lee 1 Corintios 15:3–5.
¿Cuál es el mensaje del evangelio según estos versículos?

_____

_____

En un párrafo, escribe tu propia descripción del evangelio.

_____

_____

_____

_____

_____

_____

_____

Buenas Noticias a la luz de las malas noticias

El 15 de abril de 1912, el "indestructible" Titanic desapareció lentamente de la vista, hundiéndose cuatro mil metros en el fondo del Océano Atlántico. Sólo había veinte botes salvavidas y la mayoría se llenó sólo a la mitad de su capacidad. Peor aún, cuando los náufragos luchaban por sobrevivir en las aguas heladas, diecinueve botes medio llenos remaban sin rumbo en la noche, sordos a los lamentos de los que perecían, temerosos de que los náufragos les volcaran al intentar subirse a los botes, amenazando su propia seguridad. Sólo uno, el bote salvavidas número 14, se arriesgó a acudir en busca de los que clamaban en la oscuridad de la noche, salvando a unos pocos. Jesús quiere que seamos el bote salvavidas número 14. Tenemos la respuesta que rescatará a los que están pereciendo. Debemos ir en pos de ellos en el bote de la salvación.

¡Inténtalo!

Lee Juan 3:36. ¿Cómo describió Jesús la condición de aquellos que no creían en Él?

_____

_____

_____

¿Ves a las personas así como Jesús las ve? ¿Por qué sí o por qué no?

_____

_____

_____

_____

_____

_____

Pablo dijo: "Sin embargo, cuando predico el evangelio, no tengo de qué enorgullecerme, ya que estoy bajo la obligación de hacerlo. ¡Ay de mí si no predico el evangelio!" (1 Corintios 9:16). La razón por la que Pablo se vio bajo la obligación de predicar su mensaje fue porque él sabía que los hombres y mujeres están perdidos en el pecado y necesitan que Cristo les rescate. La Biblia dice que todos los que están separados de Cristo están eternamente perdidos (Romanos 3:9-20).

¡Inténtalo!

Describe en tus propias palabras por qué las personas necesitan oír las buenas noticias.

_____

_____

_____

_____

_____

_____

_____

_____

_____

_____

Lo que hace que el mensaje del evangelio sea tan maravilloso es que está disponible para todos los que lo reciben. Jesús dice: "Vengan a mí, todos ustedes que están cansados y cargados, y yo les daré descanso" (Mateo 11:28). Jesús quiere salvar a las personas y hacer que sus vidas sean sanas y completas.

¡Memorízalo!
Romanos 1:16 "A la verdad, no me avergüenzo del evangelio, pues es poder de Dios para la salvación de todos los que creen, de los judíos primeramente, pero también para los gentiles".

El poder por medio del Espíritu Santo

Recuerdo que por el año 1973 sentía miedo de decirle a la gente que yo era cristiano. Sentía vergüenza porque yo mismo me había burlado de mi hermano Jay por su fe en Jesús. Me sentía impotente para superar esa vergüenza, hasta que Dios me llenó con Su Espíritu Santo. Cuando apenas tenía cinco meses de ser cristiano, fui con mi hermano Jay a un culto donde los ancianos oraron para que yo fuera lleno del Espíritu. Dios me transformó y me fortaleció. Recibí una nueva intrepidez después de esa noche. Empecé a llevar conmigo la Biblia a todas partes, colocándola en el lado derecho del escritorio en cada una de mis clases en el instituto Millikan. Quería que todos supieran que yo era creyente, y el Espíritu Santo me dio la confianza para compartir mi fe.

Inmediatamente después de la muerte de Cristo, los discípulos estaban muy desanimados. Incluso después que ellos vieron a Jesús resucitado, les faltó el poder para proclamar la buena noticia. Jesús les dijo entonces que esperaran en Jerusalén para recibir el poder del Espíritu. Él dijo: "... sino esperen la promesa del Padre, de la cual les he hablado. ... Pero cuando venga el Espíritu Santo sobre ustedes recibirán poder, y serán mis testigos en Jerusalén, en toda Judea y Samaria, y hasta los confines de la tierra" (Hechos 1:4–5, 8).

Jesús sabía que ellos necesitaban poder para lograr Su propósito. Nosotros también precisamos de Su poder. Si quieres ser un testigo intrépido de Jesucristo, necesitas ser lleno del Espíritu Santo. Sólo el Espíritu Santo puede darte el valor para testificar. Podríamos tener la intención de compartir el evangelio, pero no es suficiente tener buenas intenciones. El Espíritu Santo te transformará y te convertirá en un testigo ferviente.

¡Hazlo!

Lee Lucas 11:13. Cree que el Padre quiere llenarte con el Espíritu Santo. ¡Pídele que te llene ahora mismo del Espíritu Santo!

¡Inténtalo!

Lee Hechos 4:31.
¿Qué pasó cuando los apóstoles oraron?

_____

_____

_____

¿Has experimentado el poder del Espíritu Santo en tu vida? Si es así, describe cómo

_____

_____

_____

_____

_____

_____

_____

_____

_____

_____

_____

¡Recuérdalo!

¿Qué se destacó para ti en esta lección? _____

_____

_____

_____

_____

_____

_____

_____

_____

Puntos principales:

1. El evangelio es la buena noticia acerca de Jesús que necesita ser compartida.
2. Las personas sin Cristo están perdidas y sin esperanza.
3. Necesitamos la fortaleza del Espíritu Santo para compartir las buenas noticias.

¡Aplícalo!

1. Memoriza las partes principales del mensaje del evangelio, según 1 Corintios 15:3.
2. Identifica a dos o más personas conocidas tuyas que necesitan conocer a Jesús.

Siembra la semilla

E n 1883, un volcán aparentemente inactivo hizo erupción en la Isla de Krakatoa en el Estrecho de Sonda, entre Java y Sumatra. El volcán partió las montañas desde la cima hasta la base, de tal modo que la isla quedó convertida en una masa sin vida, cubierta con una capa de cenizas de treinta metros de espesor. Los científicos estaban convencidos de la imposibilidad de que algún animal o planta pudiera haber sobrevivido tal erupción. No obstante, en los siguientes tres años, empezaron a brotar flores y helechos. Los pájaros, el viento y el mar habían llevado semillas a la isla. En 1897 ya grandes porciones de tierra estaban cubiertas de vegetación. Diez años después la isla estaba completamente cubierta con árboles y palmas. Después de cuarenta años, la isla no sólo quedó cubierta completamente de vegetación, sino que también presentó una población natural de pájaros, animales e insectos.

Aun en los ambientes más hostiles las semillas tienen poderosos mecanismos de crecimiento que les permite reproducirse.

A medida que sembramos las semillas del evangelio en las vidas de las personas, Dios puede tomar esas semillas y obrar milagros, incluso cuando pensamos que es imposible. Como los granjeros, nosotros debemos hacer nuestra parte sembrando, regando, nutriendo y esperando una cosecha. Dios cuidará del resto.

Agricultura 101

Jesús usó a menudo el ejemplo del sembrador al enseñar sobre la evangelización. Dijo que nosotros hemos de tomar Su semilla, que según Lucas 8:11 es la Palabra de Dios, y sembrarla por todos los medios posibles en las vidas de las personas. Pero así como cualquier granjero sabe, hay algunas cosas que el sembrador puede hacer y otras cosas que sólo Dios puede hacer. El granjero puede sembrar la semilla y regarla, así también el creyente puede sembrar y regar la semilla de la Palabra de Dios compartiendo el evangelio. Sólo Dios, sin embargo, puede salvar a una persona y puede hacer que la persona crezca en su fe. Necesitamos hacer nuestra parte y entonces permitirle a Dios que haga la suya.

Los que siembran y riegan las semillas tienen una parte esencial en la evangelización, pero finalmente, el Creador debe hacer que las semillas crezcan. Pablo expresó esto muy claramente cuando dijo en 1 Corintios 3:6–7: "Yo sembré (la semilla), Apolos regó, pero Dios ha dado el crecimiento. Así que no cuenta ni el que planta ni el que riega, sino sólo Dios quien es el que hace crecer. El que siembra y el que riega están al mismo nivel, aunque cada uno será recompensado según su propio trabajo". Tenemos una parte necesaria en el trabajo, pero finalmente el crecimiento viene de Dios.

¡Inténtalo!

Lee Juan 4:35–38.
¿Cuáles son las dos clases de obreros que deben trabajar en armonía?

_____

_____

¿Por qué son igualmente importantes el que siembra y el que cosecha?

_____

_____

_____

_____

La oración que de verdad cambió mi vida fue mi clamor desesperado por Jesús en septiembre de 1973 en la casa de mis padres en Long Beach, California. Como adolescente desconcertado y solitario, necesitaba ayuda y me encontré clamando a Jesús. ¡Y Él contestó! Ese clamor por ayuda cambió todo porque fue en ese momento cuando Jesús me salvó. Sin embargo, ese clamor fue precedido por docenas de personas que sembraron las semillas del evangelio en mi vida. Cada vez que alguien compartió conmigo las buenas noticias del evangelio me acerqué un poco más a creer en Jesús.

A igual que los que me testificaron, nosotros debemos compartir con otros las buenas noticias acerca de Jesús. Debemos sembrar y debemos regar, pero finalmente es Dios quien debe dar el crecimiento.

Reconoce los niveles de receptividad

Cada persona se encuentra en una fase distinta en su viaje por la vida. Algunos están muy cerca de recibir a Jesús; otros, en cambio, tienen un largo camino por transitar. Lo esencial en la evangelización es conectarnos con las personas en su nivel de receptividad espiritual, confiando en que Jesús obrará en las personas.

Como cristianos solemos pensar que la evangelización sólo tiene éxito cuando alguien ora para recibir a Jesús como Salvador y Señor. Pero la única manera de que una persona pueda recibir a Cristo es si la semilla se ha plantado y regado, y si la cosecha está lista para ser recogida. Tratar de recoger el fruto antes de tiempo sería como si un granjero arrancara una planta cuando apenas ha empezado a brotar.

¡Memorízalo!
Hechos 4:12 "En ningún otro hay salvación, porque no hay bajo el cielo otro nombre dado a los hombres mediante el cual podamos salvarnos".

¡Inténtalo!

Lee Hechos 1:7–8.
¿Qué pide Jesús que seamos? (La palabra testigo es la misma que mártir).

_____

_____

_____

¿Qué clase de oportunidades se te presentarán esta semana para ser un testigo de Cristo?

_____

_____

_____

_____

_____

_____

_____

_____

_____

El Dr. James Engel, director del postgrado en comunicaciones del Centro Billy Graham en la Universidad de Wheaton, desarrolló una escala que explica el proceso en la toma de decisiones espirituales. Esta escala muestra el estado de un no-cristiano --y también de un cristiano-- en su trayectoria espiritual.

LA ESCALA DE ENGEL

-10 Consciencia de lo sobrenatural
-9 Sin conocimientos reales sobre el cristianismo
-8 Consciencia inicial del cristianismo
-7 Interés en el cristianismo
-6 Noción de los hechos básicos del evangelio
-5 Comprensión de lo que implica el evangelio
-4 Actitud positiva hacia el evangelio
-3 Consciencia de necesidad personal
-2 Desafío y decisión a tomar acción
-1 Arrepentimiento y fe
0 Nacimiento de un discípulo
+1 Evaluación de la decisión
+2 Ingreso a una iglesia
+3 Integrarse al proceso de formar otros discípulos
+4 Mayor entendimiento de la fe
+5 Maduración en el carácter cristiano
+6 Descubrimiento y uso de dones personales
+7 Estilo de vida cristiano
+8 Mayordomía de recursos
+9 Oración
+10 Transparencia hacia otros/efectividad en compartir la fe y la vida

Se puede colocar a cada persona en uno de los niveles espirituales de la escala de Engel. El reto está en hacer que las personas avancen más hacia la madurez en Cristo. Si compartes tu testimonio con un ateo y esto hace que el ateo avance de un nivel a otro en la escala de Engel, la evangelización ha sido exitosa. O si tienes el privilegio de orar con alguien que ya ha sido preparado para recibir a Jesús, también has tenido éxito. Este concepto de la evangelización nos ayuda a comprender que Dios obra en la vida de la persona desde que nace y que nuestro trabajo es participar en ese proceso.

Compartí mi testimonio recientemente con un estudiante chino que se sentó a mi lado en la recepción de una boda. Ese estudiante, de nombre Max, era budista, pero tenía una actitud abierta a "otras religiones". Compartí las buenas noticias de Jesús y Su obra en mi propia vida. Sembré una semilla en la vida de Max y espero haberlo llevado un paso más cerca de Cristo. La meta no consiste simplemente en hacer que la persona acepte a Jesús, porque Jesús quiere que todos nos movilicemos al nivel +10 para ser seguidores totalmente consagrados.

¡Hazlo!

Haz una lista de varios amigos inconversos, miembros de tu familia, vecinos o colegas, e identifica donde crees que cada uno se encuentra en esta escala

Algunos individuos rinden sus vidas a Cristo en el momento del contacto mientras que otros requieren de más tiempo. Nunca debes presionar a las personas a que asuman una obligación cuando todavía no se encuentran listas para aceptarla. La clave está en reconocer que la evangelización es un proceso y que, a cierto punto durante este proceso, Dios prepara a la persona para que haga la decisión de recibir a Cristo. Jesús dijo: "Ya el segador recibe su salario y recoge el fruto para vida eterna. Ahora, tanto el sembrador como el segador se alegran juntos. Porque como dice el refrán 'Uno es el que siembra y otro el que cosecha'. Yo los he enviado a ustedes a cosechar lo que no les costó ningún trabajo. Otros se han fatigado trabajando, y ustedes han cosechado el fruto de ese trabajo" (Juan 4:36–38). Algunos sembrarán y otros segarán pero se requiere de ambos por igual en este trabajo.

El Espíritu Santo es el director ejecutivo de la evangelización, y Él organiza el trabajo divino en la vida de cada persona. ¡Qué privilegio participar en Su obra! Hoy puedes ser el sembrador y mañana Dios puede usar a alguien más para que siegue lo que tú has sembrado.

Varias maneras de participar

En vista de que nuestro papel principal es sembrar y regar, debemos estar listos para compartir las buenas nuevas cada vez que sea posible y de cualquier forma posible. No existe una manera única de sembrar la semilla, ni de regar ni de cosechar. Dios ha proporcionado una variedad amplia de estrategias evangelizadoras. Todas son buenas. Por ejemplo, Billy Graham hizo famosa la evangelización por campañas masivas. De este modo, muchas personas oyen el mensaje y tienen la oportunidad de tomar un paso más para acercarse a la verdadera experiencia de conversión. Uno de las formas más comunes de evangelización es la evangelización personal. Aprenderemos más sobre este tipo de evangelización en las lecciones que siguen. Involucra el aprendizaje de cómo presentar el evangelio y luego buscar oportunidades para compartirlo con otros. La evangelización personal también puede incluir el reparto de folletos sobre Jesús o incluir a Dios en la conversación normal, cuando el momento sea oportuno.

¡Inténtalo!

Lee Mateo 13:1–9 y 13:18-23.
¿Qué trata de mostrar Jesús con esta parábola?

_____

_____

_____

¿Cómo se aplica esta parábola para compartir el evangelio con aquellos que están cerca de ti?

_____

_____

_____

_____

_____

_____

Me paso mucho tiempo viajando en avión y en los aeropuertos. Comprendo que nunca veré de nuevo a la mayoría de las personas que me encuentro en esos lugares, así que busco la oportunidad de decir algo sobre Jesús o simplemente entregar un folleto. Mi meta es sembrar una semilla y hacer que la persona se mueva de un nivel a otro en la escala de Engel hacia la conversión. Desearía poder construir una relación duradera, por ejemplo, con la persona encargada del estacionamiento. Pero la realidad es que entregarle un folleto del evangelio es lo mejor que puedo hacer y, al menos de este modo, sembrar una semilla.

¡Inténtalo!

Lee 1 Corintios 9:19–23.
¿Cuál es el punto principal de estos versículos?

_____

_____

_____

¿De qué maneras puedes volverte más eficaz alcanzando a otros para Cristo, con estos versículos en mente?

_____

_____

_____

_____

_____

_____

_____

La evangelización, como estilo de vida, es hacer que el cristianismo sea una realidad, para que otros vean que Cristo vive en nosotros. Pablo el apóstol dijo: "Imítenme a mí, como yo imito a Cristo" (1 Corintios 11:1). Si la persona que comparte las buenas noticias no vive la vida que está compartiendo, el mensaje tendrá muy poco impacto.

La evangelización relacional, o de amistad, se enfoca en la formación de vínculos con personas y, durante el proceso, poder compartir el evangelio. Las estadísticas muestran que aproximadamente el 80 por ciento de las personas vienen a Cristo a través del testimonio de un familiar o de amistades. Necesitamos desarrollar vínculos fuertes con los que no son cristianos para aumentar la eficacia de la evangelización.

La evangelización tipo grupo celular involucra a todos los que forman parte del grupo. El grupo trabaja como equipo, como si fuera una red que recoge la pesca. Todos oran juntos por los contactos que cada miembro tiene fuera del grupo para que Dios ablande el corazón de los contactos y se interesen en el grupo. Cuando estos contactos visitan la célula, todos los miembros ayudan a regar las semillas sembradas. Realmente se trata de un esfuerzo grupal.

Gran parte de este libro se enfoca en la evangelización relacional y en la evangelización por grupo celular. Aun así, es importante estar preparados para evangelizar personalmente en todo momento. Tu vida siempre debe ser un ejemplo del mensaje cristiano.

Cada uno de estos métodos se enfoca en sembrar las semillas del evangelio. En algún momento, la persona a la que se evangeliza tiene que tomar una decisión por Cristo. Pero cualquier estrategia de evangelización que se enfoca sólo en una etapa del proceso (por ejemplo, orar para recibir a Cristo) sin considerar que la persona pasa por distintas etapas durante el proceso, ignora el significado de la evangelización.

Si Dios te permite orar con alguien para recibir a Cristo, comprende que otros han contribuido para llegar a este momento. Y finalmente, todo lo que importa es que Dios sea glorificado y que las personas reciban la nueva vida de Cristo.

¡Recuérdalo!

Resume en tus propias palabras la perspectiva principal que recibiste de esta lección: _____

_____

_____

_____

_____

_____

_____

_____

_____

_____

Puntos principales:
1. Dios es el único que puede salvar a una persona.
2. Nuestro papel es sembrar la semilla a través de una gran variedad de métodos evangelizadores.
3. Cada persona se encuentra en un nivel diferente de receptividad y nuestra tarea es ayudarles a seguir en ese continuum.

¡Aplícalo!
1. Habla con dos creyentes sobre el método de evangelización al que fueron expuestos antes de que aceptaran a Jesús como Salvador.
2. Durante esta semana, habla con una persona no cristiana acerca de algo que Jesús ha hecho en tu vida.

Evangeliza a los que te rodean

Una mujer joven entró a la iglesia un domingo para preguntar cómo podría encontrar a Jesús y ser bautizada. Cuando el pastor indagó más sobre su interés en conocer a Jesús, ella le compartió su historia. Le explicó que el año anterior su hijo de tres años fue arrollado por un automóvil y resultó gravemente herido. Durante este tiempo, una de sus vecinas --miembro de esta iglesia-- fue de gran ayuda. Ella cuidó de su otro hijo, cocinó para la familia, hizo las compras, limpió la casa e incluso lavó la ropa. Ella hizo todo sin pedir nada a cambio. La señora continuó: "Yo sabía que mi vecina tenía algo que yo necesitaba. También sabía que ella era miembro de esta iglesia. Aunque ella me invitó a asistir yo tenía una actitud negativa hacia el cristianismo. Mi madre me inculcó que los cristianos son personas críticas y poco amables".

Ella concluyó llorando: "Mi vecina cristiana no era nada como mi madre me había dicho. Era todo lo contrario. Hace unas semanas ella se mudó. Yo la extraño. He empezado a leer mi Biblia, como ella me recomendó. Al leerla, ahora sé que el Dios de la Biblia es amoroso y que nos cuida, así como lo hizo mi vecina. Ahora quiero seguir a Jesús y por eso he venido con usted".

La evangelización relacional consiste en amar a los que no son cristianos por medio de las obras de bondad con el fin de abrir los corazones a que puedan escuchar el mensaje del evangelio. Jesús fue el mayor ejemplo de este método de evangelización.

¡Inténtalo!

Piensa en la persona que te llevó al Señor. ¿Qué hizo esta persona para impactar tu vida?

_____

_____

_____

_____

¿Qué tipo de contribución hizo esta persona en tu vida?

_____

_____

_____

_____

_____

Dios, el gran evangelista relacional

Dios no se puso a gritarnos el mensaje desde el cielo. Jesús se convirtió en el mensaje por medio de su nacimiento, vida, muerte y resurrección. Él amó a las personas, sanó sus enfermedades y nos enseñó una mejor manera de vivir. Finalmente, hizo realidad el mensaje al morir en la cruz por los pecados del mundo.

Jesús demostró la importancia de las relaciones. No sólo desarrolló una relación profunda y duradera con doce discípulos, sino que constantemente se acercaba a los que le rodeaban. Él habló con una mujer junto al pozo en Samaria y, con abundante gracia, le señaló su verdadera necesidad. Si era necesario, Jesús se desviaba de su camino para que alguien recibiera su ayuda. Él nos reveló a un Dios relacional a quien le importa Su creación.

Compartir el evangelio es más que dar a conocer un conjunto de hechos que las personas necesitan oír y responder. Es un mensaje que tiene que ser vivido. Jesús nos mostró cómo hacerlo.

¡Inténtalo!

Lee Juan 4:7–26.
Explica en tus propias palabras la estrategia que utilizó Jesús para alcanzar a esta mujer.

_____

_____

_____

¿Cómo te impacta la manera de evangelizar de Cristo?

_____

_____

_____

_____

_____

_____

Según las estadísticas, entre el 75 y el 90 por ciento de los que llegan a ser seguidores de Cristo lo hacen a través de la evangelización por personas conocidas. Los otros métodos palidecen en comparación. En un estudio realizado con 14.000 cristianos se les hizo la siguiente pregunta: "¿Qué o quién fue responsable para que vinieras a Cristo y a Su iglesia?" Los resultados fueron los siguientes:

- Una necesidad especial: 1–2%
- Simplemente pasó por una iglesia: 2–3%
- Por una visita pastoral: 5–6%
- Visitas a la casa: 1–2%
- Escuela dominical: 4–5%
- Campaña evangelística: 0.5%
- Programa de la iglesia: 2–3%
- Un amigo o familiar: 75–90%

¡Inténtalo!

¿Por qué crees que la mayoría de las personas reciben al Señor por medio de un amigo o un familiar?

_____

_____

_____

_____

_____

_____

_____

_____

_____

_____

Las personas primero quieren ver a Jesús en otros antes de tomar la "decisión" de seguirlo. Son más las personas que se ven afectadas por el evangelismo relacional en lugar de los programas por los medios de comunicación. Pablo dijo: "Imítanme a mí, como yo imito a Cristo" (1 Corintios 11:1). Si las personas van a creer el mensaje, necesitan ver el mensaje. Es por eso que Dios se hizo humano. Ahora Jesús vive en nosotros por medio del Espíritu Santo. A medida que estableces relaciones con personas no creyentes, ellas verán cómo vives y, entonces, querrán experimentar ellos mismos esta vida con Jesús.

Alcanza a las personas que ya conoces

Oikos es una palabra griega en el Nuevo Testamento que se refiere a los miembros de una casa o a la familia extendida. Hechos 16:31 dice: "Cree en el Señor Jesús, así tú y tu familia serán salvos". Durante esa época de la historia, una casa, u *oikos*, podría incluir a los miembros de la familia, a esclavos, amigos y personas que trabajaban allí. Hoy en día, cualquier persona con la que pasas una hora o más por semana es parte de tu *oikos*.

También puedes desarrollar nuevas relaciones *oikos*. Estas relaciones amistosas normalmente se desarrollan en el contexto de algo más. Ser amable con los extraños en la calle normalmente no es el contexto para formar amistades. Pero si te involucras en actividades sociales podrías establecer estas relaciones. Si entrenas un equipo de béisbol o fútbol juvenil, o siempre vas al mismo peluquero, o formas parte de una junta voluntaria en la comunidad, o te involucras con un grupo de interés especial podrías establecer relaciones nuevas. La relación entre colegas profesionales, amigos de deportes, intereses especiales y amigos de pasatiempos son otras maneras de incrementar el número de amistades y tu área de influencia.

¡Inténtalo!

Lee Juan 1:40–42.
¿Qué hizo Andrés después de encontrarse con Jesús?

_____

_____

_____

_____

_____

¿Cómo podrías aplicar el ejemplo de Andrés en tu vida?

_____

_____

_____

_____

_____

_____

_____

_____

_____

_____

¡Hazlo!

Haz una lista con los nombres de tus parientes, amistades, compañeros de trabajo y vecinos que no conocen a Jesús. Planea hacer algo específico en este mes para alcanzar a una o dos de estas personas.

Dentro de una comunidad siempre existe la necesidad de voluntarios para servir en los programas sociales, ya sea cuidando niños, dando asesoría a necesitados, ayudando a indigentes, o algo similar. En todas las comunidades existe la oportunidad de compartir el amor y los valores cristianos de una manera positiva. Puedes unirse a una asociación de padres/profesores, para realizar la vigilancia en el barrio, o alguno de los muchos otros comités y organizaciones que se encuentran en las comunidades locales.

Recuerda que hacer amistades no tiene que ser una carga. Puede ser parte de las actividades normales mientras nos ocupamos de las tareas diarias. La pregunta clave es: ¿Qué disfrutas hacer? ¿Golf? ¿Caminar? ¿Teatro?

¡Memorízalo!
1 Juan 4:10 "En esto consiste el amor: no en que nosotros hayamos amado a Dios, sino que él nos amó y envió a su Hijo para que fuera ofrecido como sacrificio por el perdón de nuestros pecados".

Las etapas de la evangelización relacional

Existen varios pasos importantes en la evangelización relacional. El primero es la *selección*. Haz una lista de las personas con las que ya tienes una relación o la estás desarrollando. Ora sin cesar por esas personas, creyendo que abrirá Dios las puertas para que puedas sembrar la semilla del evangelio. Mientras tanto, mantén esa relación simplemente siendo amigo. El próximo paso es *cultivar*. Esto significa llegar a conocer a la persona, escuchando atentamente sus necesidades y después intentando satisfacer esas necesidades.

Generalmente, las personas no se abren para conversar sobre temas espirituales con desconocidos. Por esta razón, la evangelización relacional hace énfasis en la necesidad de conocer a la persona y de formar una amistad sin perder de vista la razón de la amistad. Intenta comprender los sueños y los anhelos de tus amistades no cristianas, trata de averiguar sus necesidades y problemas. Algunas sugerencias para cultivar la relación con los que no son cristianos son:

• Oración diaria por las personas
• Pasar cuanto tiempo sea posible con esas personas
• Escucharlas
• Hacerles preguntas
• Ser hospitalario
• Arriesgarse a ser honesto
• Servirles y atenderles en sus necesidades
• Presentarles a tus amistades cristianas

El tercer paso es la *presentación*. Mientras oras y estableces las relaciones con las personas sin Cristo, el Espíritu de Dios pondrá las circunstancias justamente en el momento correcto para compartir el evangelio.

El cuarto paso es la *regeneración*. Tú no puedes hacer nada para que esto ocurra; solo Dios puede hacerlo. Para que ocurra la regeneración, la persona tiene que entender:

• Que es pecadora
• Cual es la paga del pecado
• Que Jesús murió en la cruz por su pecado
• Que debe recibir a Jesús en el corazón y en la vida

Cuando tienen lugar estas cosas, la persona nace de nuevo en la familia de Dios. El quinto paso es la *conservación*. Así como el Espíritu Santo te usó en el proceso de regeneración, así también te usará para conservar el fruto. Si no fueron amigos durante el período de cultivo, lo más probable es que la persona no querrá hacer el discipulado contigo. La evangelización de tus contactos y amistades es un paquete total que empieza desde la etapa previa a ser cristiano, y continúa a lo largo del proceso de maduración hasta que la persona llegue a ser un discípulo que busca formar a otros discípulos.

¡Inténtalo!

Lee Colosenses 4:2–4.
¿Qué cosas quería Pablo que pidieran los colosenses en oración?

_____

_____

_____

_____

¿Qué clase de oportunidades de evangelización le pides a Dios que te dé en tu vida?

_____

_____

_____

_____

_____

_____

_____

¡Recuérdalo!

Escribe una oración pidiéndole a Dios que te ayude a entender y aplicar un principio de esta lección. _____

_____

_____

_____

_____

_____

_____

_____

Puntos principales:

1. Jesús es nuestro ejemplo para relacionarnos con las personas, satisfacer sus necesidades y compartir el mensaje del evangelio.
2. La mayoría de las personas vienen a Cristo como resultado de una amistad.
3. La evangelización más eficaz ocurre en el contexto de conocer una necesidad en la comunidad y tratar de satisfacerla.

¡Aplícalo!

1. Haz una lista con los nombres de personas con quienes has desarrollado una relación.
2. Piensa en una manera apropiada de compartir el evangelio con esas personas.
3. Piensa en diferentes maneras de desarrollar una relación con personas nuevas. Toma el primer paso para hacer que esa relación sea efectiva.

Busca las puertas abiertas

C uando llegué a Sydney, Australia, no hubo quien pasara a recogerme al aeropuerto. El avión llegó tarde y la iglesia tenía la información equivocada del vuelo. El número telefónico que yo tenía de la iglesia no era el correcto, así que me encontraba en un país desconocido, sin tener a quien contactar para avisarle de mi llegada. Lo único que tenía era la dirección del hotel así que decidí tomar un taxi compartido.

Sucede que seleccioné un taxi que llevaba ya como pasajero a uno de los locutores deportivos más famosos del país. El taxista me dijo que subiera. El locutor deportivo tenía muchas preguntas y, en el curso de nuestro viaje, tuve una clara oportunidad de presentarle el mensaje del evangelio a esta persona que tenía poca convicción religiosa pero mucha influencia sobre centenares de miles de personas a través de su canal deportivo. Más tarde, cuando compartí esta oportunidad tan natural con los líderes de la iglesia, se quedaron boquiabiertos.

Puertas abiertas. Dios obra detrás del escenario para abrir oportunidades para que se pueda compartir el evangelio. Él normalmente abre esas puertas a través de las amistades y contactos de la familia. Pero el Dios del universo no se limita solo a ciertas ocasiones. Debes estar listo para lo que sea. Él te dará oportunidades inolvidables.

Pablo le escribió a la iglesia en Corinto: "Pero me quedaré en Éfeso hasta Pentecostés, porque se me ha presentado una gran oportunidad para un trabajo eficaz, a pesar de que hay muchos en mi contra" (1 Corintios 16:8–9). Las oportunidades muchas veces se presentan en medio de grandes obstáculos.

¡Inténtalo!

Lee Hechos 10:19–20.
¿Qué le dijo Dios a Pedro que hiciera?

_____

_____

¿Cuáles son las puertas que te ha abierto Dios para que compartas el evangelio?

_____

_____

_____

_____

_____

_____

_____

Ora por las puertas abiertas

A igual que otros esfuerzos en la vida cristiana, la evangelización empieza con la oración. Dios ha escogido trabajar a través de nuestras oraciones. Dado que Él hizo el universo, puede crear oportunidades sobrenaturales que son mucho más grandes que las del esfuerzo humano.

La oración no sólo abre la puerta sino que también prepara el corazón para evangelizar eficazmente. Al orar, se forma un enlace espiritual entre tú y la persona a la que le vas a testificar. Se llenará tu corazón de compasión y amor por esa persona. Tu preocupación creciente por esa persona hará que responda a tu mensaje.

Por último, Dios usa nuestra oración para derrumbar las barreras de obstrucción demoníaca, la ceguera espiritual y la distracción mundana en la vida de las personas por las que oras. Puedes sentirte guiado a:

- Orar por tus amigos, parientes o conocidos que no son cristianos para que salgan de la oscuridad y lleguen a la luz de Cristo.
- Orar para que recibas valor personal a fin de que no seas intimidado.
- Orar por protección y seguridad para esas personas, y para que te tengan confianza.
- Orar fervientemente por protección contra cualquier ataque del enemigo en esas personas.
- Orar para que Dios les dé hambre por Jesucristo, que quite todas las barreras que les impiden responder a Cristo, para que Dios les bendiga en cada aspecto de la vida, y para que el Espíritu Santo haga que Jesús sea una realidad en sus vidas.

¡Inténtalo!

Tómate unos minutos para escribir una oración breve por una de tus amistades que no es cristiana.

_____

_____

_____

_____

_____

_____

La persona de paz

Jesús les mandó a Sus discípulos que prediquen las buenas noticias y que busquen a la *persona de paz*. Jesús dijo: "Cuando entren a una casa, digan primero: 'Paz a esta casa'. Si hay allí alguien digno de paz, gozará de ella; y si no, la bendición no se cumplirá" (Lucas 10:5–6). La persona de paz, en nuestros días, se refiere a alguien cuyo corazón Dios ha tocado y está abierta al evangelio. Podría ser un compañero de estudios, un vecino, un miembro de la familia, o un compañero de trabajo. La persona de paz es alguien que ha sido preparada por Dios y se evidencia por el hambre que muestra de oír las buenas noticias de Jesucristo y seguirlo. Una persona de paz hace posible que se lleve a efecto una cita divina.

¡Inténtalo!

Lee Juan 6:44.
¿Qué debe pasar si las personas están decididas a seguir a Dios?

_____

_____

_____

El saber que Dios abre los corazones, ¿cómo afecta tu concepto de evangelización?

_____

_____

_____

_____

_____

Tenemos muchos ejemplos bíblicos dónde Dios abrió el corazón de las personas al evangelio. Uno de estos ejemplos es Lidia, una comerciante de telas de púrpura de la ciudad de Tiatira. Las escrituras dicen en Hechos 16:14: "Mientras escuchaba, el Señor le abrió el corazón para que respondiera al mensaje de Pablo". Lidia llegó a ser una asistente de Pablo y ejerció gran influencia en esa región. Como en el caso de Lidia, necesitamos buscar personas y oportunidades donde Dios ya ha estado trabajando. La evangelización tiene un elemento milagroso emocionante porque es Dios quien hace que eso suceda.

¡Hazlo!

Pídele a Dios que te dé un contacto divino esta semana. Sabrás quién es esa persona por el interés que mostrará hacia las cosas espirituales.

Algunas maneras de abrir la conversación y descubrir la obra de Dios

Si te mueves entre personas que no son cristianas en tu trabajo, en un avión, en la universidad o en un restaurante, sigue ciertos principios para determinar lo que Dios ha venido haciendo.

Empieza con algunas preguntas. Puedes empezar con preguntas generales como: "¿Qué te parece el tiempo?" o "¿Qué piensas respecto a las nuevas casas que están construyendo (o las personas que se marchan del país?, etc....)". Asegúrate de compartir también tu opinión. A medida que se desarrolla la conversación, te sentirás más seguro en el futuro para hacer preguntas específicas: "¿Qué tipo de trabajo haces?" "¿Tienes una familia?"

Preguntas generales

Oportunidad

¡Inténtalo!

Trata de usar estas pautas en algún momento del mes.
1. Haz muchas preguntas.
2. Menciona tu propia fe de una manera general («charla acerca de la iglesia» o «habla acerca de Dios»).
3. Haz girar la conversación, diciendo: «A propósito, está usted interesado en las cosas espirituales?»
4. Escucha intensamente la respuesta y después busca la oportunidad de compartir sobre Jesús.

Al mostrar tu interés genuino en una persona, es probable que ella te pregunte sobre tu propia vida. Cuando lo haga, haz con confianza que la conversación gire hacia cosas espirituales. Por ejemplo, cuando viajo y alguien me pregunta sobre lo que hago, les explico que soy un autor y que escribo sobre los grupos pequeños en la iglesia. Suelo seguir hablando sobre cómo estoy involucrado en el ministerio cristiano. Esto a veces genera interés y la persona hace más preguntas — o, en otras ocasiones, sólo provoca el silencio.

Pienso que la mejor manera de entrar en conversación, y la que ofende menos, es la de sondear el terreno espiritual con una pregunta como la siguiente: "¿Estás interesado en las cosas espirituales?" Pero no preguntes: "Estás interesado en la iglesia?" o "¿Estás interesado en religión?" Más bien, la pregunta debe enfocarse en lo espiritual. Eso permite un espacio más amplio para responder y la posibilidad de expresar una opinión sobre un mayor número de temas espirituales (por ejemplo, religión, incredulidad, participación en una iglesia, etc.).

¡Inténtalo!

¿Cómo te sientes cuando hablas sobre cosas espirituales con tus amistades que no son cristianas?

_____

_____

_____

_____

_____

Recuerda que estás tratando de averiguar la intervención divina. Si la persona simplemente dice: "No, no me interesan las cosas espirituales" y deja de hablar, lo más probable es que la puerta está cerrada. Dale tiempo; quizás te pregunte después sobre algo más, o tal vez tengas la oportunidad de averiguar más sobre su condición espiritual. Si la persona empieza a hablar sobre temas espirituales, tienes la oportunidad de compartir parte de tu propio testimonio y cómo empezaste a saber de las cosas espirituales. Al interactuar con la persona, es posible que te empiece a hablar sobre un problema en particular como el divorcio, resentimientos o alguna otra dificultad. Podrías decirle: "yo también tuve un problema similar y Dios me ayudó".

¡Memorízalo!

Colosenses 4:5 "Compórtense sabiamente con los que no creen en Cristo, aprovechando al máximo cada momento oportuno".

Potenciales puertas abiertas

Las siguientes circunstancias son ejemplos de cuando nos podemos sentir con libertad para compartir nuestra fe con alguien.

1. Cuando las personas usan la religión como pretexto para cubrir o justificar sus acciones o estilos de vida.

A menudo las personas tratan de esconderse detrás de una fachada religiosa para justificar su forma de pensar o su conducta. Saben que su modo de vivir no es correcto y se avergüenzan de admitirlo. Por eso tratan de identificarse con una organización religiosa, aunque su estilo de vida diga algo diferente.

Cuando alguien dice: "soy religioso" o "voy a la iglesia" puedes asumir que tienes la libertad para hablar sobre la vida espiritual. A veces las personas reconocen que existen discrepancias entre la espiritualidad moribunda que llevan y la verdadera espiritualidad bíblica. Hasta podrían reconocer que se han desviado de Dios de manera considerable pero que ahora buscan regresar a Él y renovar su espiritualidad.

La meta no es hacerles ver la hipocresía en la que viven, sino guiarles a experimentar la vida en el Espíritu que reemplazará la realidad espiritual que ahora tienen.

2. Cuando las personas tienen dudas sobre las dificultades de la vida.
A menudo Dios abre las puertas para que podamos hablar de Cristo en períodos receptivos de la vida. Estos períodos receptivos pueden darse cuando hay cambios significativos en la vida, como por ejemplo: el matrimonio, el nacimiento de un hijo, un nuevo trabajo, o la jubilación. Los períodos receptivos incluyen también los momentos de tensión que resultan de la muerte de un cónyuge, el divorcio, una crisis familiar, contraer una enfermedad o sufrir una herida. La vida nos trae sorpresas todo el tiempo. Vivimos en un mundo donde pruebas y tragedias son comunes. Por ejemplo, un amigo te podría comentar que le descubrieron un tumor. Eso presenta una oportunidad para escuchar y solidarizarte. Después de mostrar empatía, podrías comentarle: "Jesús es el que puede darte el verdadero consuelo y la paz. ¿Has hablado con Él sobre la enfermedad?"

Adriana, miembro de mi grupo celular, reconoce que es tímida, introvertida y que le cuesta trabajo hablar con otros sobre Jesús. Pero Dios está obrando de un modo sobrenatural en su vida. Ella le ha pedido a Dios que le abra puertas y Dios le ha respondido. Ella fue para un corte de pelo recientemente y, de manera inusual, se encontró sola con la estilista. La estilista, que era su amiga, empezó a desahogarse, contándole que tenía un divorcio pendiente y otros problemas. Adriana escuchó atentamente y con compasión. Pero también Adriana le habló con confianza acerca de Jesús, y le dijo que Él es quien arregla los problemas. La estilista levantó la barrera religiosa. Aun así, Adriana siguió hablándole sobre Jesús en lugar de hablar sobre religión.

El mensaje de que Jesús vino para darnos vida y vida en abundancia siempre será relevante para las personas que tienen preguntas sobre las pruebas que están soportando. Debemos sentirnos libres de compartir a Cristo con cualquiera que lucha con problemas en la vida. Algunas situaciones nos causan más tensión que otras, como lo muestra el siguiente cuadro. (Ralph Neighbour, *La Guía del Pastor*, Houston, TX: Toque Publicaciones, 1992, p.86).

Evento	Valor de tensión	Evento	Valor de tensión
Muerte del cónyuge	100	Hijo que sale de la casa	29
Divorcio	73	Problemas con los suegros	29
Separación entre cónyuges	65	Logro personal sobresaliente	28
Encarcelamiento	63	Cónyuge empieza a trabajar	26
Muerte de un miembro de familia	63	Empieza o termina ciclo escolar	26
Enfermedad o herida seria	53	Cambio en condiciones de vida	25
Contraer matrimonio	50	Cambio de hábitos personales	24
Despido del trabajo	47	Problemas con el jefe	23
Reconciliación marital	45	Cambio horas/ condiciones trabajo	20
Jubilación	45	Cambio de residencia	20
Cambio en la salud de un familiar	44	Cambio de escuela	20
Embarazo	40	Cambio en hábitos recreativos	19
Problemas sexuales	39	Cambio en actividades de la iglesia	19
Adición a la familia	39	Cambio en actividades sociales	18
Reajuste de negocios	39	Hipoteca o préstamo inf. a $10.000	18
Cambios en ingresos	38	Cambios en hábitos de sueño	16
Muerte de amigo cercano	37	Cambio en hábitos alimenticios	15
Discordia marital	35	Cambio en reuniones de familia	15
Hipoteca o préstamo mayor a $10.000	31	Época navideña	12

¡Inténtalo!

¿Tienes amigos o familiares que en estos momentos pasan por una crisis que podría servir como una puerta abierta para hablarles de Cristo?

_____

_____

_____

_____

¿Cómo podrías servirles?

_____

_____

_____

_____

_____

_____

_____

---

3. Cuando las personas piden ayuda o consejo.

Al desarrollar amistades las personas a veces nos piden consejos con respecto al matrimonio, la salud o problemas personales. No tienes que ser un consejero profesional para responder. Tu objetivo es dirigirlos al Salvador. Cuando alguien acude a ti para pedirte un consejo, eso te permite compartir con ellos la fuente de toda ayuda verdadera, Jesucristo. De una manera compasiva intenta atender sus necesidades por brindarles ayuda material, emocional y espiritual por medio de tu testimonio y tus conocimientos de la Biblia. No tiene nada de malo decir: "No tengo ahora una respuesta a tu pregunta, pero permíteme investigar, hablar con mi pastor y hablaremos de nuevo el martes".

4. Cuando las personas desean establecer una relación contigo

Muchas veces la gente busca establecer una relación contigo, ya sea amistad, compañerismo u otros motivos. Sin importar la forma como comienza la relación, la disposición de las personas para llegar a conocerte y abrirse contigo se puede considerar una puerta abierta para comunicarles la verdad del evangelio.

Mi vecino que vive al lado me invitó a acompañarle a dar un paseo por un lago especial donde él va para sentirse en unión con la naturaleza. Este vecino tiene sus propias creencias religiosas que no están basadas en la Biblia. El hecho de que hemos desarrollado una amistad me demuestra que Dios quiere continuar abriendo las puertas con él.

5. Cuando las personas acuden a la reunión de tu grupo o a la celebración del culto.

En una de las cartas a la iglesia de Corinto, Pablo habló sobre los incrédulos que acudían a la reunión cristiana (1 Corintios 14:24-25). Durante ese tiempo las reuniones tenían lugar en las casas de los creyentes. Tanto los creyentes como los incrédulos experimentaban la presencia de Dios y todos recibían el testimonio de Dios. La mayoría de las personas espera oír la Palabra de Dios al asistir a un grupo celular o al culto del domingo. Aprovecha ese momento para compartir la buena nueva de la muerte y la resurrección de Cristo. Al asistir a la reunión, la persona te está dando el permiso para que le compartas el evangelio. Puedes reiterarle el mensaje en cualquier momento, ya sea antes o después del culto.

Haz preguntas específicas para determinar si comprendió el mensaje. Averigua si tiene una duda o una pregunta o si quiere responder a la salvación que Dios le ofrece.

¡Recuérdalo!

¿Qué fue lo que más te impactó en esta lección? _____

_____

_____

_____

_____

_____

_____

_____

_____

Puntos principales:
1. Dios es quien abre puertas.
2. El concepto bíblico de "persona de paz" se refiere a la acción de Dios en las vidas de las personas alrededor de nosotros.
3. Debemos orar, cultivar y estar listos para entrar por esas puertas abiertas.

¡Aplícalo!
1. Ora para que Dios abra puertas en tu trabajo, tus familiares y amistades.
2. Estudia las distintas maneras en que Dios abre puertas a fin de compartir el evangelio.
3. Entra por esas puertas abiertas. Escucha y simpatiza con la gente, y comparte el evangelio con quienes Dios ha puesto en tu vida.

Cómo compartir el mensaje

Cuando tengo que dirigirme a una audiencia y me entra el temor, me acuerdo del consejo que me dio mi profesor de oratoria en la universidad: "Prepárate tan bien que te sientas confiado con lo que vas a presentar". Parece una contradicción. ¿Por qué no relajarse, tomar una actitud calmada y tratar de no pensar en ello? Pero en realidad, aparte de la paz sobrenatural de Dios, el mejor remedio para el temor es la confianza que se obtiene con la preparación.

Resulta lo mismo al presentar el evangelio. A ciertas personas no les gusta memorizar una presentación del evangelio porque quieren ser más flexibles. Sin embargo, saber exactamente lo que quieres decir, te da flexibilidad para cambiar el plan y adaptarte a la situación. Cuando tengas memorizada una presentación del evangelio podrás modificarla de acuerdo a la dirección del Espíritu. De este modo, si te distrae Satanás, tendrás un mensaje central a seguir que te servirá de base.

Al paso de los años se han desarrollado presentaciones del evangelio que son claras y concisas. Yo te recomendaría que escojas entre las presentaciones del evangelio "El Camino de Romanos" o "Las Cuatro Leyes Espirituales". Mi recomendación es que estudies ambas para luego escoger la que más te guste. Concéntrate en la que se acople mejor contigo hasta que la domines y puedas usarla en cualquier oportunidad.

Presentando el evangelio

En la lección anterior hablamos sobre puertas abiertas y sobre preguntar a las personas lo que piensan respecto a temas espirituales. En ocasiones, querrás ofrecer una presentación del evangelio a una persona, en lugar de simplemente compartirle tu testimonio.

Me gusta empezar mi presentación con la pregunta: "¿Me permites preguntarte algo?" La mayoría de las veces me responden: "Sí, claro". Entonces yo digo: "Supongamos que murieras esta noche (espero que no, por supuesto) y que de pronto estuvieras delante de Dios. Si Dios te dijera: ¿Por qué debo permitirte la entrada a mi reino? ¿cómo le responderías?"

Lo más probable es que la persona hable de lo buena que ha sido y cómo ha observado la regla de oro. La mayoría de las personas que no conocen a Jesús responden de una forma como esta: "Soy una persona bastante buena y creo que Dios me aceptará".

Me gusta oír lo que realmente entienden de cómo llegar al cielo porque durante la presentación del evangelio puedo hacer referencia a lo que han dicho. De lo contrario, a menudo sucede que después de hacerle una presentación completa del evangelio, la persona puede responder diciendo: "Sí, yo siempre he creído eso" o "Ya lo sabía, y he aceptado a Jesús todos los días de mi vida".

¡Inténtalo!

Lee Tito 3:5.

¿De qué nos salvó Dios, según este versículo?

_____

_____

¿Qué cree la mayoría de las personas que se necesita (aparte del evangelio) para ir al cielo? ¿Por qué?

_____

_____

_____

_____

_____

Ya que sabemos que nadie se salva con buenas obras, sino solamente por la fe en Cristo Jesús, puedes explicar el evangelio usando El Camino de Romanos o Las Cuatro Leyes Espirituales que se encuentran en la siguiente página. De nuevo, te recomiendo que memorices y practiques una de estas dos sencillas presentaciones del evangelio.

¡Inténtalo!

Lee 1 Corintios 15:3–4.
¿Cuáles son los elementos principales del mensaje del evangelio?

_____

_____

_____

_____

_____

¿Por qué es importante compartir todos estos elementos en lugar de sólo uno o dos de los mismos?

_____

_____

_____

_____

_____

_____

_____

_____

El Camino de Romanos

Me gusta El Camino de Romanos porque se basa completamente en las Escrituras. Todo lo que necesitas es una Biblia, unos versículos importantes, y tú puedes explicar el resto. Está enfocado en la carta de Pablo a los Romanos. Puedes compartir el mensaje del evangelio con una persona que no es cristiana mostrándole los versículos específicos en la Biblia. El Camino de Romanos también es muy simple y fácil de entender (puedes colocar marcadores en tu Biblia para recordar donde está cada versículo). El Camino de Romanos tiene cinco puntos:

1. *Todos nosotros somos pecadores.* Romanos 3:23 dice: "Pues todos han pecado y están privados de la gloria de Dios".

2. *El resultado del pecado es la separación de Dios.* Romanos 6:23 dice: "Porque la paga del pecado es muerte, mientras que la dádiva de Dios es vida eterna en Cristo Jesús nuestro Señor".

3. *Dios proporciona la salvación por medio de Jesucristo.* Romanos 5:8 dice: "Pero Dios demuestra su amor por nosotros en esto: en que cuando todavía éramos pecadores, Cristo murió por nosotros".

4. *Confiesa y cree. Romanos 10:9 dice:* "Que si confiesas con tu boca que Jesús es el Señor, y crees en tu corazón que Dios lo levantó de entre los muertos, serás salvo".

5. *Hay libertad para los que creen.* Romanos 8:1 dice: "Por lo tanto, ya no hay ninguna condenación para los que están unidos a Cristo Jesús".

Todo lo que tienes que hacer es memorizar los versículos clave de Romanos y ya puedes usar El Camino de Romanos cuando quieras. Realmente no necesitas buscar ninguna otra cosa, este plan es excelente. Podrías parar aquí, pero vale la pena saber que también Las Cuatro Leyes Espirituales están disponibles.

¡Inténtalo!

¿Qué fue lo que te gustó de El Camino de Romanos?

_____

_____

_____

_____

_____

Las Cuatro Leyes Espirituales

El ministerio Cruzada Estudiantil Para Cristo desarrolló Las Cuatro Leyes Espirituales. Me gusta porque es algo sencillo y fácil de aprender. Dado que el evangelio es sencillo, cualquier plan del evangelio que valga la pena debe mantener esa sencillez. Puedes comprar folletos con el titulo Las Cuatro Leyes Espirituales en las librerías cristianas locales o puedes memorizar los cuatro puntos como se detalla a continuación.

Lo positivo de usar un folleto es que puedes leérselo a la persona y después dárselo para que lo estudie después. Vale la pena invertir en la compra del folleto, especialmente cuando el destino eterno de una persona está en juego. Te recomiendo que memorices Las Cuatro Leyes Espirituales porque, tenlo por seguro, habrá ocasiones cuando se te abran las puertas para hablar del evangelio y no tendrás folletos a la mano.

Las Cuatro Leyes Espirituales son:

1. **Primera ley:** *Dios tiene un plan maravilloso para tu vida* (Juan 3:16; Juan 10:10).

2. **Segunda ley:** *El hombre es pecador y está separado de Dios; por lo tanto no puede experimentar el plan maravilloso de Dios* (Romanos 3:23; Romanos 6:23).

3. **Tercera ley:** *Jesucristo ha proporcionado el camino para que el hombre pecador regrese a Dios, por medio de Su muerte en la cruz* (Romanos 5:8; Juan 14:6).

4. **Cuarta ley:** *Debemos recibir a Jesús individualmente como Salvador y Señor para ser salvos y experimentar el plan maravilloso de Dios* (Apocalipsis 3:20).

¡Inténtalo!

¿Qué te gustó de las cuatro leyes espirituales?

_____

_____

_____

_____

Cómo usar un diagrama con tu presentación

Sea que uses El Camino de Romanos o Las Cuatro Leyes Espirituales, puedes agregar un diagrama sencillo para facilitar la explicación. El folleto Las Cuatro Leyes Espirituales tiene un dibujo como parte del folleto, pero creo que es recomendable saber cómo trazar el diagrama porque frecuentemente no se cuenta con un folleto a la mano.

Dios Santo

Hombre Pecador

El dibujo representa a Dios santo en lo alto y una gran brecha entre Él y el hombre. Las flechas representan los distintos intentos fallidos del hombre para alcanzar a Dios por sus propios medios (por ejemplo, buenas obras, religión, educación, etc.). Si una persona sin habilidad artística, como yo, puede dibujar este diagrama sencillo, tú también puedes hacerlo en una servilleta en un restaurante o en una hoja de papel en tu casa.

Sólo Jesucristo y Su muerte en la cruz pueden proporcionar el camino para alcanzar a Dios. Jesús dijo en Juan 14:6: "'Yo soy el camino, la verdad y la vida'- le contestó Jesús. 'Nadie llega al Padre sino por mí'". Jesús, el Hijo de Dios, vino para morir en nuestro lugar y para hacer posible que la humanidad pecaminosa pueda tener una relación con Dios. La cruz de Jesucristo hace posible que nosotros podamos alcanzar a Dios.

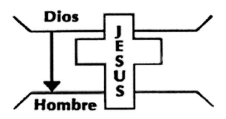

¡Inténtalo!

Practica dibujando esta ilustración del evangelio.

Úsala con Las Cuatro Leyes Espirituales o con El Camino de Romanos.

A pesar de la importancia de presentar el evangelio de una manera concisa, para que la presentación sea dinámica también debes tratar de aplicar el evangelio a la vida del oyente no cristiano en su situación actual. Es posible que esa persona esté afligida por la muerte de un ser querido o por una crisis matrimonial o por una enfermedad y está buscando alivio. Es preciso que apliques el mensaje del evangelio a la situación de la persona.

> ## ¡Hazlo!
> *Memoriza El Camino de Romanos o Las Cuatro Leyes Espirituales. Aprende también a usar el diagrama del evangelio. Practica la presentación de El Camino de Romanos o Las Cuatro Leyes Espirituales con un amigo, un estudiante o con un familiar. Incluye el dibujo en tu presentación. Solicita comentarios sobre tu presentación.*

Ora con alguien para recibir a Cristo

Ayudar a alguien a recibir a Cristo es un gran privilegio. Tu participación en esta ocasión le ayudará a la persona a poder colocar un marcador que le permita decir: "Sí, yo recibí a Jesús en tal momento y en tal fecha".

Frecuentemente, cuando llega el momento de tomar esta decisión, el diablo intenta distraer a la persona (acuérdate de orar silenciosamente contra el ataque del enemigo, atando a Satanás y a sus demonios). Debido a tales distracciones, es recomendable que domines bien esta parte de la presentación. En ocasiones pasadas cuando tuve el privilegio de llevar a una persona a Cristo y no tenía un plan memorizado me sentía inseguro de qué oración hacer, y me era fácil perder el hilo y la claridad en el momento preciso. Permíteme compartir contigo algunos de los principios que he aprendido.

Después de explicar la presentación del evangelio (es decir, El Camino de Romanos o Las Cuatro Leyes Espirituales) toma en cuenta lo siguiente:

Primero, empieza con una nota positiva formulando tu pregunta de manera positiva: "¿Te gustaría recibir el regalo de la vida eterna?" en lugar de: "¿Quieres entregarte a Jesús?" o ¿Quieres ser lavado en la sangre del Cordero?" Aunque sean válidas las últimas dos frases, es posible que la persona no las entienda y las malinterprete. Si la persona dice: "Sí, yo quiero recibir el regalo de la vida eterna", entonces puedes concluir que esta persona está dispuesta a comprometerse con Dios.

Segundo, repasa brevemente los puntos principales de tu presentación. Haz un resumen de Las Cuatro Leyes Espirituales, El Camino de Romanos, o del método que hayas escogido. Hazle saber lo siguiente: "Cuando Jesús viene a tu corazón, Él querrá ser el Señor de tu vida y te mostrará todo lo que necesitas cambiar para poder seguirlo como tu Señor". Éste es el momento para resaltar nuevamente el compromiso que se hace al reconocer el señorío de Cristo en la vida de cada creyente.

Tercero, después de haber repasado los puntos principales de tu presentación, continúa con una actitud positiva y comunica lo siguiente: "Si esto es lo que quieres, voy a orar ahora mismo por ti y luego juntos le diremos a Dios lo que tú me has afirmado". Te recomiendo que memorices la frase que acabas de leer porque si titubeas, la persona puede empezar a dudar y decida no continuar con la oración para recibir a Jesús. Si estás seguro en lo que dices, la persona también sentirá esta seguridad.

Cuarto, dile a la persona exactamente lo que estás a punto de hacer: Vas a hacer una oración corta por esa persona, entonces le pedirás que repita esa oración después de ti, y luego terminarás con una corta oración por esa persona.

Recomiendo los pasos siguientes cuando se ora con una persona que va a recibir a Jesús:
- Ora por la persona
- La persona ora las frases cortas después de ti
- Tú oras una vez más por la persona.

Al pedir que la persona repita la oración, formula una oración que nazca de tu propio corazón y que incluya lo siguiente:
- Que la persona reconozca que es pecadora.
- Que Jesús murió por su pecado.
- Que Jesús resucitó.
- Que pida al Espíritu Santo que entre en su vida.
- Que la persona exprese su deseo de vivir para Jesús.

Una recomendación sería hacer que la persona repita la oración siguiente en segmentos cortos:
- "Soy pecador"
- "Creo que Jesús murió por mis pecados"
- "Creo que Jesús resucitó"
- "Le pido ahora a Jesús que entre en mi vida"
- "Yo quiero vivir mi vida para agradar a Cristo"
- "Por favor, lléname del Espíritu Santo"

Porque ésta es una parte importante en la presentación del evangelio, recomiendo que la practiques con alguien el doble de las veces que las otras partes. Si practicas con otros obtendrás la destreza para efectuar este paso importante en presentar a Cristo.

¡Inténtalo!
Con un amigo cristiano, practica los pasos para presentar a Jesús a un no-creyente.

Recuerda que sólo Dios puede convertir a la persona

Como ya habrás notado, creo en la memorización de un plan para presentar el evangelio y en orar para recibir a Jesús. Sin embargo, en otras ocasiones he dicho que es posible dar una importancia errónea a la repetición de una oración como si fuera una fórmula mágica, cuando, en realidad, sólo Dios puede regenerar a una persona. Tengo que admitir que en varias ocasiones he caído en la trampa de acorralar a alguien para hacerle repetir la oración del pecador cuando en realidad la persona no estaba lista, y otros han hecho exactamente lo mismo conmigo.

Antes de tener la experiencia de clamar a Jesús en mi alcoba, oré la oración del pecador en por lo menos dos ocasiones distintas. Nunca me olvidaré de un individuo al que le llamaban Seal Beach James (Jaime, el de la playa de las focas). Evangelizaba con mucho celo en una playa cerca de Long Beach, California, donde yo concurría con mis amigos. Como un adolescente de catorce años me sentía inseguro de asociarme con James, pero reconocía que él creía firmemente en algo y no se daba por vencido si tratábamos de evitarlo. Su estrategia era conseguir que las personas tuvieran un momento a solas con él y que repitiesen la oración del pecador penitente, y después contaba a esa persona entre sus convertidos.

Un día me acorraló e hizo que leyera un folleto. Después me pidió que repitiera una oración escrita en el folleto. Decidí tranquilizar a James aunque se me hizo un poco extraño. Dije la oración, me despedí y seguí con mi estilo de vida lleno de fiestas y viviendo como un adolescente alocado. Él me consideró como uno de sus convertidos, pero yo no cambié en lo más mínimo. Dos años después, volví a repetir la oración del pecador penitente cuando asistí a un concierto cristiano. Escuché que algunos de entre el público lloraban cuando yo bajaba por el pasillo del auditorio de la escuela Millikan mientras el conjunto cristiano El Camino tocaba su música. Pero lo único que hacía era seguir las sugerencias de otros, como si hubiera un premio por hacerlo. Lo más probable es que esa noche salí de allí para después emborracharme. Mi estilo de vida no cambió ni me percaté de la obra de Cristo en mi vida. La oración no cambia a las personas a menos que verdaderamente hablen con Dios desde el corazón sincero.

Incluso sería bueno poder decirle a la persona que va a repetir la oración contigo: "Quiero que sepas que esta oración no te va a salvar; sólo Jesús te salva de verdad. Así que por favor repite estas palabras con sinceridad de corazón y dirígeselas a Él".

¡Memorízalo!

2 Corintios 5:14 "El amor de Cristo nos obliga, porque estamos convencidos de que uno murió por todos, y por consiguiente todos murieron".

Cómo manejar las excusas

No existen dos personas iguales. Algunas tienen serias dudas del mensaje del evangelio mientras que otras levantan dudas ficticias con preguntas problemáticas solamente para no tener que enfrentar la verdad. A veces, aunque no muy a menudo, alguien trata de discutir. Tales discusiones pueden volverse tensas y emotivas. Normalmente, las discusiones que se vuelven emocionales acaban por despertar malos sentimientos. Puede empezar con un sencillo desacuerdo, pero luego se empieza a sentir la conversación como un ataque personal. Trata siempre de mantener la amistad. Si te muestras amistoso y la persona no está lista en ese momento, habrás establecido la confianza y la cordialidad necesarias para aprovechar nuevas oportunidades en el futuro.

Primero, no trates de demostrarle a la persona que está equivocada. Argumentar no produce fruto o, si acaso, muy poco.

Segundo, no utilices el debate como un método. No vas a ganar a nadie para Cristo de esa manera. Aun si ganas el debate, ¡habrás perdido a la persona! Es mejor indagar los motivos detrás del argumento y ministrar a la persona de manera apropiada. Tercero, no discutas. En cambio, trata de descubrir por qué se está resistiendo a las buenas noticias del evangelio.

Finalmente, sé bondadoso y actúa como Cristo hubiera actuado. Respeta a la persona y no la rechaces. Si haces que la persona se sienta inferior porque no es cristiana, le causarás mucho daño. Pablo le dijo a Timoteo en 2 Timoteo 2:24–25: "Y un siervo del Señor no debe andar peleando; más bien, debe ser amable con todos, capaz de enseñar, y no propenso a irritarse. Así, humildemente, debe corregir a los adversarios, con la esperanza que Dios les conceda el arrepentimiento para conocer la verdad, de modo que se despierten y escapen de la trampa en que el diablo los tiene cautivos, sumisos a su voluntad". Según estos versículos, la actitud que un creyente debe tener hacia un incrédulo es de amor y gracia.

¡Recuérdalo!

¿Qué fue lo que más te impactó en esta lección? _____

_____

_____

_____

_____

_____

_____

_____

_____

Puntos principales:

1. El evangelio es sencillo y debe mantener su sencillez.

2. El autor recomienda dos planes sencillos para presentar el evangelio: El Camino de Romanos y Las Cuatro Leyes Espirituales.

3. Orar con alguien para recibir a Cristo es difícil porque el diablo trata de distraernos en ese momento. Por eso, la oración debe ser practicada más que las otras partes de la presentación del evangelio.

¡Aplícalo!

1. Toma tiempo con otro creyente de confianza para practicar cómo presentar el mensaje del evangelio y para llevar a una persona a Cristo.

2. Escribe el nombre de alguien que crees que está listo para recibir el mensaje del evangelio. Ora para que Dios te dé la oportunidad de presentarle el mensaje. Si es posible, trata de preparar un encuentro con esa persona específica.

Comparte tu experiencia

Cuando Jesús visitó la región de los gadarenos, encontró a un hombre con un espíritu maligno que salió de entre los sepulcros para encontrarse con Jesús. Este hombre vivía entre las tumbas y cuando trataban de ponerle cadenas él las destrozaba. Noche y día andaba gritando y golpeándose con piedras.

Jesús, quien tiene todo poder, expulsó a los demonios de este hombre. Cuando las personas de la región salieron para ver lo que pasaba, la Biblia dice que: "...cuando vieron al hombre que había sido poseído por la legión de demonios, sentado, vestido y en su juicio cabal; tuvieron miedo" (Marcos 5:15).

Este hombre, entusiasmado por la transformación en su vida, le pidió a Jesús que le permitiera acompañarlo en sus viajes con los discípulos. Jesús, sin embargo, le dijo: "Vete a tu casa, a los de tu familia y diles lo que el Señor ha hecho por ti, y como te ha tenido compasión. Así que el hombre se fue y se puso a proclamar en Decápolis cuánto Jesús había hecho por él. Y toda la gente quedó asombrada" (Marcos 5:19–20).

Compartir tu testimonio personal (tu experiencia con Cristo) tiene parecidos con esta historia. Simplemente se trata de decir a otros lo que el Señor ha hecho por ti. Es como bajarse del pedestal (nuestra propia importancia) y hacer a Cristo la persona número uno en tu vida. (Él sí es grandioso).

¡Inténtalo!

Lee Hechos 4:18–20.

Según el versículo 20, ¿qué es lo fundamental de un buen testimonio?

_____

_____

_____

_____

_____

¿Qué es lo que más te emociona en tu relación con Jesucristo?

_____

_____

_____

_____

_____

_____

_____

_____

_____

_____

Comparte lo que has visto y oído

Un *testigo* es una persona que ha visto o ha oído algo y que puede dar testimonio como evidencia para demostrar algo.

Hace varios años, durante el proceso de un homicidio en el condado de Nassau del estado de Nueva York, el fiscal estaba examinando al testigo en el estrado. En su testimonio, el testigo declaró que vio a la víctima tirada sobre el suelo, evidentemente muerta. Cuando el fiscal terminó, el abogado de la defensa se puso de pie e intentó atacar la credibilidad del testigo. Le dirigió las siguientes preguntas:

"Señor, ¿es usted médico?"
"No", contestó el testigo.
"Bien, ¿es paramédico?"
"No, no lo soy", declaró el testigo.
"Alguna vez en su vida asistió a la facultad de medicina?"
"Nunca", fue la respuesta.
"Entonces dígame, señor, ¿cómo sabe usted que la víctima de verdad estaba muerta?"
"Bueno", le respondió el testigo, "yo fui a su entierro".

En este caso, ver que se enterrara al muerto fue todo lo necesario para ser un experto. El poder que tiene un testimonio es que te sucedió a ti. Tú lo viste, lo sentiste o lo experimentaste.

Dar testimonio cristiano es permitir que otros sepan lo que Jesús ha hecho en tu vida. Es posible que rechacen tus argumentos sobre el cristianismo porque no estás titulado en teología, pero lo que no pueden rechazar es lo que Dios ha hecho en tu propia vida. Eso es algo personal. Tú puedes hablar con certeza de lo que pasó porque te sucedió a ti en carne propia.

Jesús habló con una mujer de Samaria, le reveló su necesidad y después le ofreció una solución. Su vida fue totalmente transformada por Jesús. Ella salió y dijo a todo el pueblo lo que Jesús había hecho por ella. Juan 4:39 dice: "Muchos de los samaritanos que vivían en aquel pueblo creyeron en él por el testimonio que daba la mujer: 'Me dijo todo lo que he hecho'".

¡Inténtalo!

Lee 1 Timoteo 1:12–17.
¿Qué opinión tiene Pablo de sí mismo?

_____

_____

_____

¿Cuál debe ser nuestra actitud al compartir nuestro testimonio con otros?

_____

_____

_____

_____

Andrés, el discípulo de Jesús, dio testimonio de forma similar al de la mujer samaritana. Después de encontrarse con Jesús y ver Su poder, "Andrés encontró primero a su hermano y dijo, 'Hemos encontrado al Mesías (es decir, el Cristo)'. Luego lo llevó a Jesús" (Juan 1:40–42). Andrés no podía contener su emoción. Él quería que su hermano Simón conociera las buenas noticias.

En el siglo XIX había un predicador británico que se llamaba Alexander Maclaren. Él logró persuadir a un hombre del pueblo que era el líder de los escépticos a que asistiera a la iglesia por cuatro domingos consecutivos durante los cuales Maclaren presentaría los puntos principales del cristianismo. El escéptico escuchó atentamente los sermones de Maclaren. Y después del cuarto mensaje el escéptico se convirtió a Cristo. Maclaren estaba encantado y no pudo resistirse al impulso de preguntar cuál de los cuatro sermones lo condujeron a su decisión. El escéptico contestó, "Sus sermones, señor, fueron útiles, pero no fueron los que me convencieron". Dijo que después de salir de la iglesia uno de los domingos, se detuvo a ayudar a una anciana que caminaba sobre la acera resbaladiza. Ella lo miró directamente a la cara y le dijo: "Me pregunto si usted conoce a mi Salvador Jesucristo. Él significa todo para mí. Me gustaría que usted lo conociera también".

Es posible que el debate persuasivo cambie la forma de pensar de algunos, pero un testimonio personal poderoso penetra hasta los corazones más duros.

¡Inténtalo!

Lee Juan 1:45–46.
Cuál fue la reacción de Natanael en respuesta al testimonio de Felipe?

_____

_____

_____

¿Qué ha hecho Jesús en tu vida que te motiva a testificar a otros?

_____

_____

_____

_____

_____

Usando tu testimonio personal para evangelizar

El testimonio del apóstol Pablo era poderoso y lo usaba de seguido para presentar el evangelio. Él sabía que los judíos no podían refutar el hecho de que alguna vez él mismo fuera tan celoso de la fe judía como lo eran ellos, pero algo cambió. Se le apareció Jesús, habló con él y le dio una nueva misión. En lugar de matar a los cristianos, ahora estaba convirtiendo a los incrédulos.

El modo en que Pablo dio su testimonio nos puede servir para saber cómo dar el nuestro. Pablo habló sobre su vida antes de creer en Cristo, de cuando recibió a Cristo y cómo Cristo lo transformó. En Hechos 22:1–5, Pablo habla sobre *su vida antes de ser cristiano*. Pablo se identificó con sus oyentes hablándoles en la lengua hebrea y explicándoles que su niñez y su estilo de vida eran similares a los de ellos. Además, él se identificó con ellos diciendo: "Yo soy judío, nacido en Tarso de Cilicia, pero criado en esta ciudad. Bajo la tutela de Gamaliel recibí instrucción cabal en la ley de nuestros antepasados, y fui tan celoso de Dios como cualquiera de ustedes lo es hoy día" (Hechos 22:3).

Entonces habla *sobre su encuentro con Cristo* (Hechos 22:6– 16). Les dijo lo que le pasó en el camino a Damasco y que se sorprendió tanto como ellos (los judíos) estaban sorprendidos al escuchar lo que Pablo les decía. Él vio a Jesús y Jesús le habló. Pablo dijo: "Sucedió que a eso del mediodía, cuando me acercaba a Damasco, una intensa luz del cielo relampagueó de repente a mi alrededor. Caí al suelo y oí una voz que me decía: 'Saulo, Saulo, ¿Por qué me persigues?' '¿Quién eres, Señor?', pregunté. 'Yo soy Jesús de Nazaret, a quien tú ´persigues', me contestó Él" (versículos 6–8).

Luego Pablo habla sobre su vida *después de creer en Jesucristo* (Hechos 22:17–22). Jesús le comisionó para predicar el evangelio y le llenó del Espíritu Santo. La vida de Pablo cambió totalmente.

¡Memorízalo!
Hechos 4:19–20 «Pero Pedro y Juan replicaron: "¿Es justo delante de Dios obedecerlos a ustedes en vez de obedecerlo a Él? ¡Júzguenlo ustedes mismos! Nosotros no podemos dejar de hablar de lo que hemos visto y oído"».

¡Inténtalo!

Enumera las tres partes principales que debe incluir un testimonio efectivo:

_____

_____

_____

_____

_____

_____

_____

_____

Afina tu testimonio

Al compartir tu testimonio con alguien, trata de relacionar tu pasado con lo que le sucede a esa persona. Es posible que esté pasando por algo doloroso, como un divorcio; y pudiera ser que luche con sentimientos de culpa y se encuentre deprimida y sola.

Quizás tú nunca has sufrido un divorcio, pero puedes intentar identificarte con los sentimientos de esta persona y mostrarle empatía. Puedes comentarle algo como lo siguiente: "Yo nunca he pasado por lo que tú estás sufriendo, pero recuerdo una época en mi vida cuando tuve que enfrentarme con una vida llena de problemas, soledad, culpa y depresión sin poder encontrar una respuesta. Entonces, Jesús vino a mi vida".

Obviamente no se trata de inventarte algo o de no decir la verdad; sin embargo, los problemas humanos son tan similares que podemos tomar una dificultad nuestra y relacionarla con otros problemas humanos. Como seres humanos, casi todos pasamos por etapas de soledad, baja autoestima, temor a la muerte, insatisfacción con la vida, preocupaciones, miedos, adicciones o una incapacidad general de vivir a la altura de las normas morales.

¡Inténtalo!

Marca verdadero o falso:

☐ Simpatiza con la persona cuando le testificas del evangelio.

☐ Comparte detalles sangrientos para resaltar la gracia de Dios.

☐ Comparte cómo tu vida cambió después de recibir a Jesús.

Habrá ocasiones en las que puedas compartir tu testimonio completo. La mayoría de las veces, lo más probable es que cuentes una versión corta. Es recomendable que practiques tu testimonio para poder exponerlo en un espacio de tres a cinco minutos. De cualquier forma, siempre puedes incluir más detalles y alargarlo si lo amerita la ocasión. Solamente recuerda que hablar de tres a cinco minutos representa aproximadamente trescientas palabras escritas, si acaso quieres tener tu testimonio escrito.

¡Hazlo!

Prepara las tres partes de tu testimonio y compártelo con alguien:

1. Mi vida antes de ser cristiano era así.

2. De este modo me di cuenta de que tenía que seguir a Jesús. Estos son los detalles de cómo acepté a Cristo.

3. Así es cómo mi vida ha cambiado desde que me convertí en cristiano.

¡Recuérdalo!

¿Qué quieres compartir de esta lección con una persona cercana a ti?

_____

_____

_____

_____

_____

_____

_____

_____

_____

_____

Puntos principales:

1. Compartir tu testimonio personal quiere decir hablar a otros de las cosas maravillosas que Dios ha hecho por ti.

2. El centro del testimonio es Jesucristo.

3. Compartir tu testimonio personal involucra cómo vives la vida delante de Dios, lo que Cristo ha hecho por ti, y cómo Cristo sigue transformando tu vida.

¡Aplícalo!

1. Prepara tu testimonio.

2. Compártelo con otra persona.

Pesca con una Red

San Patricio, el misionero a los bárbaros de Irlanda en el siglo V d.C., desarrolló un nuevo tipo de comunidad cristiana. El modelo de Patricio era calurosamente relacional, sumamente hospitalario y orientado a la comunidad. Patricio creía que la verdad se aprende mejor cuando se ve que cuando se predica, así que el cristianismo celta creció como un movimiento relacional antes que como una institución aburrida y sin vida.

Patricio y sus seguidores se mudaban a una región pagana donde se instalaban como un equipo y pasaban a formar parte de la comunidad. Intentaban hacer que la iglesia fuese accesible. Tomaban en serio el pasaje del libro de los Salmos: "Prueben y vean y que el SEÑOR es bueno; dichosos los que en él se refugian" (34:8). Para ser parte de la iglesia celta, no era necesario que lo tuvieras todo resuelto. Los simpatizantes eran invitados a una aventura de descubrimientos. Patricio y su equipo razonaban que si las personas experimentan la comunidad cristiana, empezarían el proceso de conversión. Patricio creía que pertenecer viene primero que creer.

La evangelización por medio del grupo celular en la actualidad es muy parecida a la que Patricio practicó en el siglo V. El ministerio celular lleva el mensaje del evangelio a donde la gente vive y trabaja. Un pastor de una iglesia celular exitosa dijo: "El diablo quiere atraparnos dentro de las cuatro paredes de la iglesia. Los delincuentes no se preocupan si los policías están entretenidos con su papeleo en la oficina, con tal de que no salgan a la calle". El ministerio celular consiste en reunirse en el barrio, penetrando así cada pueblo y ciudad para Jesús. Es más probable que la gente opte por visitar la casa de un vecino mucho antes de entrar en una iglesia.

Una descripción bíblica visual: La pesca con redes

Lucas 5:1–7 es la historia de Jesús y una gran pesca. Los discípulos habían pescado toda la noche y no habían recogido nada. Pero ante la orden de Jesús, tiraron las redes una vez más. Leemos esto en los vv.6 y 7: "Así lo hicieron, y recogieron una cantidad tan grande de peces que las redes se les rompían. Entonces llamaron por señas a sus compañeros de la otra barca para que los ayudaran. Ellos se acercaron y llenaron tanto las dos barcas que comenzaron a hundirse". Entonces el versículo 10 declara que Simón y sus compañeros, Jacobo y Juan, estaban asombrados de la pesca.

Pedro y sus compañeros colaboraron para arrastrar la red llena de pescados. Pronto trabajarían juntos para pescar hombres y mujeres. Igualmente, en el ministerio celular el mejor compañerismo ocurre en el proceso de la evangelización. La evangelización es el latido del corazón de un grupo celular.

¡Inténtalo!

Hechos 16:4–6.
¿Pablo viajó y evangelizó individualmente o en un grupo?

_____

_____

¿Cuáles son las ventajas de evangelizar en grupo en comparación con la evangelización individual?

_____

_____

_____

_____

Todo mundo se involucra, desde la persona que invita hasta la que proporciona los refrescos y el que dirige la reflexión. El equipo planifica, traza las estrategias y halla los nuevos contactos juntos. Dale Galloway escribe: "Después de formulada la lista [de invitados], el equipo empieza a orar por los asistentes potenciales, después se trabaja con llamadas telefónicas y con visitas a los hogares. Esta responsabilidad se divide entre los miembros del grupo". Dado que la evangelización es el proceso de dar a conocer la buena nueva sobre el perdón de los pecados y la nueva vida en Jesús, creo que el ministerio celular se presta perfectamente para que esto suceda.

Cada miembro es entrenado para que sepa cómo hablar de su fe, y después los grupos celulares juntos trabajan para la gran pesca. La meta del grupo es crecer hasta llegar al punto de multiplicarse en dos o más grupos.

Es posible que alguien del grupo tenga el don de la evangelización. Para tal persona, la evangelización le resultará muy natural y será muy eficaz haciéndola. Anima a la persona con este don a que ayude a los demás para mejorar sus esfuerzos evangelizadores.

¡Inténtalo!

¿Contradicción? Muchos creen que el compañerismo íntimo interfiere con un evangelismo grupal activo. ¿Qué piensas?

_____

_____

_____

_____

_____

_____

_____

Como grupo, conéctate al poder de Dios a través de la oración

Hemos hablado de orar personalmente por aquellos que no son cristianos, pero la evangelización celular lleva la oración a un nuevo nivel.

Los grupos celulares más dedicados oran de manera ferviente para alcanzar a las personas perdidas. Se enfocan en alcanzarlas. Animo a que los grupos hagan una "Lista de Bendecidos" o un póster titulado "Los Más Buscados". Puedes escribir los nombres de las personas que no son salvas. Pégalos a la pared y ora por estas personas todas las semanas, haciendo planes para alcanzarlas. Así es como funciona:

Primero, cada miembro debe identificar su círculo de influencia (por ejemplo, familia inconversa, amistades, colaboradores, compañeros de estudio y vecinos).

Segundo, los miembros deben dibujar un círculo alrededor de los nombres de dos personas que probablemente estén más abiertas a Cristo.

Tercero, coloca todos los nombres en una lista del grupo y ora continuamente por cada persona en la lista. Cada miembro debe orar con regularidad por las personas anotadas en su propia lista y también por la lista del grupo. Acuérdate de orar pidiendo que Dios les bendiga y obre en sus vidas. Ama y sirve a esas personas, individualmente y como grupo. Finalmente, planifica una reunión celular especial en la que cada miembro invita a esas personas específicas al grupo celular.

¡Inténtalo!

Marca Verdadero o Falso

☐ Una oración es una lista de bendiciones en la que deben figurar sólo los cristianos.

☐ Todos los miembros deben identificar su círculo de influencia.

☐ Encierra con un círculo los nombres de los que ya son salvos.

Otra estrategia de oración que funciona es colocar una silla vacía en medio del grupo y luego orar por los que vendrán para llenarla. Los miembros del grupo oran alrededor de la silla por la salvación de las personas y su oikos (su esfera de influencia).

La oración al caminar por las calles es otra manera de evangelizar. Nuestro grupo celular salía a caminar periódicamente por las calles para orar por las personas en el barrio. Cuando nos encontrábamos con alguien, le saludábamos de manera cordial y amistosa. A veces uno de los miembros se sentía inspirado para hablarles de Cristo e invitarles al grupo celular. Recomiendo que esto se haga en grupos de a dos y que al caminar por el barrio se ore para que la salvación llegue a cada casa o apartamento en ese lugar.

¡Memorízalo!
Marcos 1:17 "'Vengan, síganme', les dijo Jesús, 'y los haré pescadores de hombres'".

El poder de ser transparente

Cuando la célula se reúne, es esencial que cada persona comparta lo que realmente está pasando en su vida. La falsedad hace que los que no son creyentes se alejen y levanten barreras. La autenticidad y el diálogo abierto hacen que el evangelio sea atractivo. Los que no conocen a Jesús comprenderán que los cristianos son personas normales que tienen problemas iguales a los demás. La diferencia es que los cristianos están perdonados debido a la obra de Cristo en la cruz.

Una de las tácticas de Satanás es el engaño legalista, tratando de convencer a las personas que Dios requiere estándares inalcanzables y que sólo las personas buenas van al cielo. La evangelización en el grupo pequeño corrige este concepto erróneo. La evangelización en un grupo pequeño se da en un proceso natural. Los que no son cristianos pueden preguntar, hablar de sus dudas y de su propio peregrinaje espiritual. El compartir abiertamente imparte un sentido nuevo de esperanza a los incrédulos cuando comprenden que los cristianos también tienen debilidades y luchas. Más que una explicación, el «evangelio» en el grupo pequeño es algo que se ve y se siente. A medida que los miembros comparten cómo Cristo trabaja en sus vidas, los incrédulos se sentirán atraídos a Jesús. Cuanto más podemos exponer al incrédulo a Cristo en nosotros, tanto mejor.

¡Hazlo!
Habla de tus propias vulnerabilidades con los miembros del grupo. No intentes mostrar sólo el lado positivo. Deja que las personas vean tus luchas.

¡Inténtalo!

Lee Lucas 5:29–32.
¿Dónde estaba comiendo Jesús? ¿Con quiénes estaba comiendo?

_____

_____

¿De qué puedes hablar en tu grupo sobre ti mismo que haga que los pecadores sientan que ellos también pueden recibir el amor y el perdón de Dios? ¿Qué tipo de conducta los alejaría?

_____

_____

_____

_____

_____

1 Corintios: 14:23–26 dice: "Así que, si toda la iglesia se reúne y todos hablan en lenguas, y entran algunos que no entienden, ¿no dirán que ustedes están locos? Pero si uno que no cree entra cuando todos están profetizando, se sentirá reprendido y juzgado por todos, y los secretos de su corazón quedarán al descubierto. Así que se postrará ante Dios, exclamando: "Realmente Dios está entre ustedes".

En este pasaje, el hecho de que "todos están profetizando" demuestra que realmente éste era un grupo pequeño en casa porque "todos" estaban participando. Esto significa que el grupo tenía que ser lo suficientemente pequeño para que todos pudieran participar. Y la palabra "profetizando" en este pasaje se refiere a cada cristiano ministraba a los incrédulos que entraban a la casa. Cristo fluye a través de aquellos que son sensibles a Su actuar. Cristo se mueve en el grupo celular para responder a los que están en necesidad. Los miembros del grupo se sienten impactados por las necesidades del incrédulo y quieren ayudarle.

¡Inténtalo!

Verdadero o falso:

☐ El líder debe ser transparente con el grupo.

☐ Cuándo alguien habla de una necesidad, asegúrate de presentar inmediatamente una respuesta bíblica.

☐ No todo es apropiado para compartir en un grupo celular.

Todos están involucrados en la evangelización

Una razón por la que tantos líderes se sienten cansados y agotados es porque el líder del grupo cree que tiene que hacer todo el trabajo de evangelización. "Si nadie viene a la célula, es culpa mía" es el pensamiento común de muchos líderes de células. Intento ayudar al líder a entender en qué consta la pesca con red y que todos los miembros deben ayudar en el proceso.

Tengo un cuestionario de 29 preguntas que usé para encuestar a 700 líderes celulares en ocho países. Los datos arrojados muestran que los líderes de grupo que semanalmente alientan a los miembros a que inviten a otros aumentan en un cien por cien su capacidad de multiplicar el grupo, en comparación con líderes que sólo lo hacen de vez en cuando o nunca.

Una manera de lograr esto es concluir cada reunión proyectando una visión para la evangelización en la célula:

- El líder celular: "Miguel ¿a quién vas a invitar para que nos visite la próxima semana?"
- Miguel: "A mi primo".
- El líder celular: "Me parece fantástico. Oremos que tu primo Tomás responda favorablemente a tu invitación".

¡Recuérdalo!

¿Qué verdad de esta lección te impactó más?

_____

_____

_____

_____

_____

_____

_____

Puntos principales:
1. La evangelización celular es una actividad del grupo. Es como pescar con una red en lugar de pescar con una caña; todos los miembros de la célula deben estar involucrados.
2. La oración es la actividad del grupo más importante para ganar a los incrédulos a Cristo.
3. El líder no debe intentar evangelizar solo. Debe involucrar a los otros miembros del grupo.

¡Aplícalo!
1. Empieza a orar por lo menos por dos amistades que no son cristianas.
2. Invita a una de esas amistades a tu grupo celular.

Atiende las necesidades como grupo

Greg Harris vive en el estado de Washington, EE.UU. Estuvo a punto de cometer suicidio porque su esposa le pidió el divorcio. Se sentía fracasado. Además, trabajaba día y noche tratando de pagar una deuda de su esposa. Estaba muy deprimido. Y por si fuera poco, se lastimó y empezó a beber para aliviar el dolor tan intenso. Finalmente decidió que ya no tenía caso seguir viviendo. Tim, un miembro de la Iglesia Alianza de Eastside, vio a Greg en esa situación, se hizo su amigo y le alentó. Tim invitó a Greg a su célula donde Greg encontró al mejor amigo de todos — a Jesucristo.

Tim invitó personalmente a Greg al grupo celular porque sabía que los del grupo se esforzarían por mostrarle a Greg su amistad y su solidaridad. Y así fue. El grupo celular se convirtió en una familia para él. Su vida fue transformada. El ministerio celular consiste en atender las necesidades de otros.

David Cho, el pastor de la iglesia más grande en la historia del cristianismo, practica el principio de descubrir una necesidad y luego ayudar a enfrentarla. Él afirma: "Yo les digo a mis líderes celulares: 'No les hablen en seguida a las personas de Jesucristo cuando se encuentren con ellas. Primero visítenlas y háganse amigos, ayúdenlas en sus necesidades y ámenlas. En seguida los vecinos sentirán el amor cristiano'". Esto ha funcionado eficazmente en Corea, pero yo creo que funciona en cualquier parte del mundo. Las necesidades son necesidades dondequiera que se presentan.

La evangelización del grupo a través de obras de bondad

La evangelización por medio del servicio es un acercamiento no amenazante que funciona bien a través del ministerio celular. En lugar de repartir folletos o pararse en las esquinas predicando, el grupo muestra el amor de Dios a través de diferentes obras de bondad. En cuanto se realizan estas obras de bondad, caen las barreras defensivas que tienen las personas.

Cuando un grupo hace planes para realizar una acción de servicio a la comunidad, la gente inmediatamente se llena de curiosidad y quiere saber por qué estamos haciendo esto. Cuando se produce esa curiosidad es justo el momento especial para dar a conocer la buena nueva de Cristo. Una de nuestras herramientas más eficaces es hacer campañas de lavado gratuito de automóviles. Mientras algunos miembros del grupo celular lavan los coches, sus dueños esperan a un lado y disfrutan de comida preparada gratuitamente. Cuando los automovilistas nos preguntan por qué hacemos esto sin aceptar donativos o dinero, es el momento para hablarles del gran amor de Jesús. Pablo dice: "Ya conocen la gracia de nuestro Señor Jesucristo, que aunque era rico, por causa de ustedes se hizo pobre, para que mediante su pobreza ustedes llegaran a ser ricos" (2 Corintios 8:9).

Luego que una persona experimenta la evangelización por obras de servicio es posible que quiera saber más sobre el amor de Dios, mostrándose así más receptiva a Cristo.

¡Inténtalo!

Encuentra una necesidad y procura atenderla.

Anota necesidades específicas en tu ciudad y barrio:

¿Cómo podría participar tu grupo celular para atender esas necesidades?

_____

_____

_____

_____

Comparte tus ideas con los líderes del equipo celular.

Maneras creativas de responder a las necesidades

Algunas células evangelizan en la comunidad visitando un asilo de ancianos, cuidando de niños indigentes o ayudando en un orfanato. Es posible que un miembro de tu grupo tenga habilidades manuales especiales que se podrían aprovechar en la evangelización comunitaria.

Puedes ofrecer servicios gratuitos a personas que quieres alcanzar (como cambiar el aceite en los autos de madres solas o ancianos), comunicarte con el centro para personas de la tercera edad, armar una mesa de exhibiciones en un centro comercial y ofrecer información a los adolescentes sobre la prevención de drogas, ofrecer cortar el césped para alguien que se acaba de mudar al barrio. Otras maneras de servir y responder a necesidades son mencionadas en el cuadro siguiente.

Modos de hacer promoción comunitaria como grupo celular	
En parques o reuniones deportivas:	- Obsequiar salchichas preparadas (hot dogs) - Ofreces agua embotellada con un bolígrafo de la iglesia - Regalar globos - Pintar las caras de los niños
En áreas públicas:	- Ayudar con bolsas de comestibles - Levantar la basura - Regalar pan dulce y donuts por la mañana en el tráfico en los ejes viales
Automóviles	- Lavado de autos - Cambiar el aceite a coches de personas en necesidad - Revisar el aire en los neumáticos
En las universidades:	- Reparación de bicicletas - Fotocopiado gratis - Proporcionar tutoría
Alrededor de las casas:	- Levantar las hojas de los árboles - Cortar el césped - Cortar la orilla al césped del jardín - Reparaciones sencillas a la casa
Ayuda en general:	- Examen de presión arterial - Café gratuito en paradas de autobuses - Recolección de basura especial, como árboles navideños - Afinar máquinas podadoras de césped

---

¡Inténtalo!

¿Qué actividad te gusta más de la lista en la página anterior? ¿Qué idea fue la que te gustó menos?

_____

_____

_____

¿Te está dirigiendo Dios a participar con otros en tu grupo en un proyecto como los mencionados? ¿Cuál o cuáles?

_____

_____

_____

¡Una manera de atender las necesidades de las personas es alimentándolas! Jesús siempre comía con otros --y muy seguido-- en sus casas. La iglesia primitiva compartía las comidas en las casas. La comida y una atmósfera sin tensiones se combinan perfectamente para poder conocer a las personas nuevas. A los no cristianos les gusta las reuniones informales. ¡Y a todos nos gusta comer!

Muchos grupos han encontrado diversas maneras de atender creativamente a las necesidades de otros. A todos nos gusta celebrar un cumpleaños. Siempre puedes invitar a un no creyente al grupo celular para celebrar una fiesta de cumpleaños. ¡Puede ser para celebrar el cumpleaños de la persona que invitas! Esto ciertamente llenará una necesidad psicológica y le mostrará a la persona que es importante para ti. No importa de quien es la fiesta, ya sea de un inconverso, de un miembro de la familia o de un cristiano compañero del grupo celular, haz del evento una ocasión gozosa, con pastel, risas y saludos de amistad.

¡Inténtalo!

Lee Lucas 15:1–7.

¿Qué había en Jesús que atraía a los pecadores?

_____

_____

_____

¿Qué puedes hacer para tener un impacto similar en los que no son creyentes?

_____

_____

_____

Atender la necesidad espiritual de una persona es lo más importante. Generalmente, las células planifican las actividades especiales para atraer a los que no son cristianos: ver el DVD de Jesús (como La Pasión), ver un DVD con un tema específico en mente (como pasar los 15 últimos minutos de La Lista de Shindler), tener una cena especial o una fiesta en la que todos llevan un platillo a compartir, y muchas otras ideas.

Las células, con frecuencia, rotan las reuniones entre las diferentes casas de los miembros. Esto puede ayudar al reducir la distancia que tendrían que viajar los que viven más lejos. Cuando un miembro celular organiza la reunión en su casa, sus amigos y familiares tienen más probabilidades de asistir. Después de todo, muchas de estas personas han visitado ya la casa, eliminando la barrera del temor a lo desconocido.

> **¡Hazlo!**
> *Planifica una actividad para realizarla con tu grupo para tratar de alcanzar a los que no son cristianos. Moviliza a las personas en tu célula para una actividad evangelizadora (por ejemplo: un picnic, una salida para lavar vehículos, etc.).*

Nuestra prioridad debe ser pensar en forma creativa para intentar alcanzar a las personas. Un creyente de Portland, Oregon, EE.UU., me dijo en uno de los seminarios: "Nosotros como grupo celular realizamos un esfuerzo evangelizador cada seis semanas. Asistimos a un partido de baloncesto de los Trailblazer de Portland o alguna otra actividad al menos cada seis semanas. De esta forma, constantemente estamos tratando de alcanzar a otros y hacemos amistad con los no creyentes. Si no hacemos esto con regularidad, perdemos la perseverancia".

Las células están perfectamente ubicadas para satisfacer las necesidades físicas tanto de los que están dentro como de los que están fuera del grupo. Una célula puede, de manera singular, tocar profundamente el corazón de los no cristianos. La iglesia del Nuevo Testamento creció y prosperó a través de la evangelización que hacían los grupos orientados hacia la solución de las necesidades.

> **¡Memorízalo!**
> **1 Corintios 9:22 «Entre los débiles yo me hice débil, para ganar al débil. Me hice todo a todos a fin de salvar a algunos por todos los medios posibles.»**

Enfoca el Tiempo de Testimonio en la atención de las necesidades

La manera de mantener al grupo enfocado en la atención de las necesidades es asegurando que al final de la reunión celular se hable de otros. Muchos grupos llaman esto el Tiempo de Testimonio del grupo celular.

La mayoría de los grupos inician bien la reunión con el Tiempo de Bienvenida (que normalmente incluye una actividad sencilla para romper el hielo) y siguen bien con el Tiempo de la Palabra (normalmente una enseñanza basada en el sermón del pastor). Muchos también tienen un buen Tiempo de Adoración en la célula. Pero cuando se llega al Tiempo de Testimonio, muchas veces no saben cómo terminar.

El Tiempo de Testimonio en la célula hace que la célula marche adelante. Se les recuerda a los miembros que no se trata sólo de un tiempo agradable de compañerismo, sino de un tiempo para alcanzar a las personas para Jesús y para atender las necesidades de otros.

Recomiendo que se varíe lo que se hace en el Tiempo de Testimonio. La clave está en mantener el enfoque en las necesidades de otros. Se puede orar por los no cristianos, preparar un proyecto social, planificar un tiempo para multiplicar la célula o decidir acerca de un futuro evento de evangelización (por ejemplo, una cena, un video, un picnic, etc.).

¡Inténtalo!

Lea Mateo 28:18–20. ¿Qué encuentras de significativo en estas palabras del último mandamiento de Cristo?

_____

_____

_____

¿Por qué es importante terminar la reunión de célula con una fresca visión de la evangelización?

_____

_____

_____

_____

Es una buena idea colocar una silla en medio del cuarto y orar por la próxima persona que ocupará esa silla. La silla vacía sirve como un recordatorio de la necesidad de evangelizar. Tal vez quieras sugerir cómo la célula pudiera responder a una necesidad en particular de amigos incrédulos o de familiares.

No hay nada más poderoso que leer versículos sobre la compasión que Cristo sintió por los incrédulos y luego aplicarlos. Puedes leer las declaraciones de la misión de Cristo en Lucas 4:18–19 y Lucas 19:10. Pregúntale a cada miembro del grupo cómo se ha beneficiado con la misión de Jesús. Ellos pueden expresar cómo llegaron a ser cristianos o cómo fueron sanados o cómo Cristo los liberó. Termina con una oración agradeciendo a Jesús la obra que ha hecho en nuestras vidas y pidiéndole que nos use para alcanzar a otros. Haz las siguientes preguntas: Cuando miras a las personas que no conocen a Jesús, ¿qué ves? ¿Cómo piensas que Jesús las ve? Dales suficiente tiempo para que compartan sus respuestas. Cierra la reunión con una oración por los que necesitan a Jesús.

¡Recuérdalo!

¿Qué verdad de esta lección te impactó más?

_____

_____

_____

_____

_____

_____

_____

Puntos principales:

1. Hay muchos métodos que puede utilizar el grupo para responder a las necesidades de otros.

2. Resulta efectivo planificar actividades evangelísticas para alcanzar a los no creyentes.

3. Las células deben hacer un esfuerzo especial para usar la parte del Testimonio de la célula (los últimos 15 minutos) a fin de enfocarse en las necesidades de aquellos sin Cristo.

¡Aplícalo!

1. Escoge por lo menos una sugerencia de esta lección y toma los pasos para aplicarla.

2. Habla con el líder celular o con el equipo de liderazgo para realizar la actividad.

Cómo asesorar a alguien usando este material

Muchas iglesias estudian este material en grupos. Esta es la manera normal de usar el material, pero no es la única. Si tú escoges enseñar a un grupo, podemos proporcionarte, en un CD, bosquejos y PowerPoints de los cinco libros de capacitación. Compra este CD en www.joelcomiskeygroup.com o llamando al 1888-344-CÉLL (en EE.UU.) o www.creedrecursos.es (en España).

Otra manera de entrenar a alguien es pedir que la persona complete cada lección individualmente y, entonces, pedir a un cristiano maduro del mismo sexo que lo asesore. El/a asesor/a hará que el/a «aprendiz» se responsabilice por completar la lección y comparta lo que está aprendiendo.

Creo que es útil tener varios métodos para enseñar este material. El hecho es que no todos pueden asistir a las reuniones de entrenamiento en grupo. Pero no por eso se tiene que dejar de dar el entrenamiento a la persona que lo necesite. El asesoramiento es una buena opción.

Asesora al aprendiz mediante el uso del material

De preferencia, el asesor se reunirá con el aprendiz después de cada lección. A veces, sin embargo, el aprendiz completará más de una lección y el asesor combinará esas lecciones cuando se reúnan.

El asesor es una persona que ya conoce el material y ha ayudado a otras personas en el proceso de entrenarse. Además, un asesor debe tener:

- una relación íntima con Jesús,
- buena voluntad y un espíritu dispuesto a ayudar. El asesor no necesita ser un «maestro». El libro mismo es el maestro — el asesor simplemente hace que el aprendiz le rinda cuentas haciéndole preguntas y estimulándole a la oración.

Yo recomiendo mi libro, *Cómo ser un Excelente Asesor de Grupos Celulares,* para entender más acerca del proceso del asesoramiento (este libro también puede adquirirse en www.joelcomiskeygroup.com o llamando al número 1-888-344 CELL, en EE.UU. o www.creedrecursos.es en España). Los principios en *Cómo ser un Excelente Asesor de Grupos Celulares* no sólo se aplican al asesoramiento para asesorar a los líderes celulares sino también para asesorar a un aprendiz.

Yo recomiendo los siguientes principios. El asesor debe estar dispuesto a:

- Recibir de Dios. El asesor debe recibir la iluminación de Jesús a través de la oración para que tenga algo que compartir con el aprendiz.
- Escuchar a la persona. El trabajo del asesor es escuchar lo que el aprendiz ha respondido en la lección. El asesor también debe escuchar las alegrías, luchas y motivos de oración del aprendiz.
- Animar y alentar al aprendiz. Lo mejor que el asesor pueda hacer, a menudo, es señalar las áreas positivas del aprendiz. Yo insisto que los asesores sean muy positivos e infundan aliento. Todos estamos muy conscientes de nuestros fracasos y a veces los tenemos muy presentes. El ánimo ayudará al aprendiz a seguir adelante y anticipar con gusto cada lección. Intenta empezar cada lección señalando algo positivo sobre la persona del aprendiz y sobre lo que él o ella está haciendo.
- Cuidar a la persona. Las personas que asesoras pueden estar luchando con algo por encima y más allá de la lección. El material puede evocar un área problemática. Los buenos asesores estarán dispuestos a tocar esas áreas profundas de necesidad por medio de la oración y el consejo. Y es completamente aceptable que el asesor simplemente diga: «No tengo una respuesta ahora mismo para tu dilema, pero conozco a alguien que la tiene». El asesor puede consultar con su propio asesor para tener una respuesta y luego llevarla a la sesión de la semana siguiente.
- Desarrollar/entrenar a la persona. Se espera que la persona haya leído ya la lección. La meta del asesor es facilitar el proceso de aprendizaje haciendo preguntas específicas sobre la lección.
- Trazar una estrategia con el aprendiz. El trabajo del asesor es

que el aprendiz sea responsable de completar la siguiente lección y/o terminar la actual. El papel principal del asesor es ayudar al aprendiz a mantener el ritmo de estudio y conseguir que saque el mayor provecho posible al material.

- Desafiar a la persona. Algunos piensan que cuidar es bueno pero confrontar es malo. Debemos combinar las acciones de cuidar y confrontar porque eso es lo que la Biblia promueve. Si realmente nos importa la persona, la confrontaremos. El Espíritu podría mostrarte áreas en la vida del aprendiz que necesitan colocarse bajo el Señorío de Cristo. El mejor enfoque es pedir permiso. Podría decir: «Tomás, ¿me permites hablarte sobre algo que he notado?». Si la persona te da permiso, entonces podrás decirle lo que el Señor puso en tu corazón.

Primera sesión

Creemos que cuando el asesor se encuentra con el aprendiz, el Espíritu Santo guia la sesión. La creatividad y flexibilidad deben reinar. Recomiendo, sin embargo, los siguientes principios:

- Conoce a la persona. Una buena manera de empezar es mediante las Preguntas Cuáqueras. Estas les ayudarán a que se conozcan el uno al otro. Después de la primera semana, el asesor puede comenzar con oración y simplemente puede preguntar sobre la vida del aprendiz (por ej., familia, trabajo, estudios, crecimiento espiritual, etc.).

Preguntas Cuáqueras
1. ¿Dónde viviste entre los 7 y los 12 años?
2. ¿Cuántos hermanos y hermanas tenías?
3. ¿Qué forma de transporte usaba tu familia?
4. ¿Con quién te sentías más íntimamente vinculado durante esos años?

- Sé transparente. Como tú ya has completado este material, comparte tus experiencias con el aprendiz. La transparencia logra mucho. Los grandes asesores comparten tanto victorias como derrotas que han tenido en la vida.

"Preguntas de Asesoramiento" para usar todas las semanas

Un buen asesor hace muchas preguntas y escucha muy atentamente. La meta es indagar cómo el aprendiz puede aplicar el material a su vida diaria. Las preguntas clave para levantar en cada oportunidad son:

1. ¿Qué te gustó más de la(s) lección(es)?
2. ¿Qué te gustó menos de la(s) lección(es)?
3. ¿Qué te fue difícil entender?
4. ¿Qué aprendiste sobre Dios que no sabías antes?
5. ¿Qué necesitas hacer ahora con esa nueva información?

El asesor no tiene que hacer cada una de las preguntas anteriores, pero es bueno tener un patrón, así el aprendiz sabe qué esperar cada semana.

El modelo a seguir cada semana

1. Prepárate espiritualmente antes del comienzo de la sesión.
2. Lee la lección de antemano, recordando los pensamientos y las preguntas que tuviste cuando estudiaste el material.
3. Comienza la sesión con oración.
4. Haz las preguntas de asesoramiento.
5. Confía en que el Espíritu Santo moldeará y formará al aprendiz.
6. Termina con oración.

Índice

A

Agricultura, 15
amigo, 28, 31, 42, 43, 54, 56, 79
amor, 31, 36, 50, 57, 58, 76, 79, 80
Antiguo Testamento, 9
Apocalipsis, 52
Apolos, 16
apóstol, 5, 23, 65
asesorar a otros, 3
Australia, 35
autenticidad, 75

B

Ben-Hadad, 9
Biblia, 2, 10, 12, 25, 45, 50, 61, 91
Billy Graham, 18, 21
buenas noticias, 5, 9, 8, 11, 12, 14,
    17, 20, 23, 37, 38, 58, 64

C

California, 17, 56
Camino de Romanos, 47, 49, 50, 51,
    52, 53, 54, 59
Campaña evangelística, 28

carácter cristiano, 19
célula, 23, 75, 77, 78, 79, 84, 85, 86,
    87
Cho, David, 79
Colosenses, 33, 41
compartir el evangelio, 5, 12, 21, 23,
    32, 34, 35, 46
compasión, 36, 42, 61, 86
comunidad, 29, 31, 34, 71, 80, 81
confianza, 5, 12, 37, 40, 42, 47, 57,
    59
conservación, 32
conversación, 21, 39, 40, 57
corazón, 23, 32, 36, 38, 39, 50, 54,
    55, 57, 72, 76, 84, 91
Corintios, 8, 9, 10, 14, 16, 22, 23, 29,
    35, 45, 49, 57, 76, 80, 84
cosecha, 15, 16, 17, 20
CREED España, 2
cristianismo, 19, 23, 25, 63, 64, 79
cristianos, 17, 23, 25, 27, 31, 32, 37,
    65, 73, 74, 75, 82, 83, 84, 85,
    86
Cristo, 1, 2, 8, 10, 12, 14, 17, 18, 19,
    20, 22, 23, 27, 29, 32, 34, 37,

41, 42, 44, 45, 49, 50, 51, 54,
55, 56, 57, 58, 59, 61, 64, 66,
68, 69, 74, 75, 76, 78, 80, 85,
86, 87, 91
cruz, 26, 32, 52, 53, 75
Cruzada Estudiantil Para Cristo, 51
Cuatro Leyes Espirituales, 49, 50,
51, 52, 53, 54, 59

D

decisión, 19, 20, 23, 29, 54, 64
deportes, 29
diagrama, 52, 53, 54
discípulo, 19, 33, 64
dones, 19

E

enfermedad, 42, 53
escala, 18, 19, 20, 22
Escala de Engel, 19
España, 2, 8, 89, 90
espiritualidad bíblica, 41
Espíritu Santo, 8, 12, 13, 14, 20, 29,
32, 37, 55, 66, 91, 92
eternidad, 9
evangelio, 5, 8, 9, 9, 10, 11, 12, 14,
15, 16, 17, 19, 21, 22, 23, 25,
27, 31, 32, 34, 35, 36, 38, 45,
46, 47, 48, 49, 50, 51, 53, 54,
56, 57, 58, 59, 65, 66, 68, 71,
75
evangelización, 5, 9, 8, 15, 16, 17,
19, 20, 21, 23, 24, 25, 27, 31,
32, 33, 34, 36, 38, 39, 71, 72,
73, 75, 77, 78, 79, 80, 81, 84,
85

evangelización relacional, 23, 25,
31, 32
excusas, 57
experiencia, 3, 21, 56, 61

F

familia, 20, 25, 29, 32, 35, 38, 39, 43,
61, 74, 79, 82, 91
fe, 5, 12, 16, 19, 39, 41, 49, 65, 73
flexibilidad, 47, 91
fruto, 17, 20, 32, 57

G

Galloway, Dale, 73
gracia, 26, 58, 68, 80
grupo celular, 23, 42, 45, 71, 72, 74,
75, 76, 77, 78, 79, 80, 81, 82,
84
grupo de interés, 29

H

hablar de Cristo, 42
Harris, 79
Hechos, 5, 12, 13, 17, 18, 29, 36, 38,
62, 66, 72
honesto, 32

I

iglesia, 19, 25, 27, 28, 35, 39, 40, 41,
43, 45, 64, 71, 76, 79, 81, 82,
84
influencia, 29, 35, 39, 74
Irlanda, 71
Isla de Krakatoa, 15
Israel, 9

J

James Engel, 18
Jesús, 5, 9, 8, 9, 10, 11, 12, 14, 15,
        17, 18, 19, 20, 21, 22, 24, 25,
        26, 27, 29, 30, 31, 32, 34, 37,
        39, 42, 48, 49, 50, 52, 53, 54,
        55, 56, 57, 61, 63, 64, 65, 66,
        67, 68, 71, 72, 73, 75, 76, 80,
        82, 83, 85, 86, 89, 90
Juan, 10, 16, 20, 27, 30, 31, 38, 51,
        52, 53, 63, 64, 65, 66, 72

L

libertad, 41, 50
líderes celulares, 77, 79, 90
Lidia, 38, 39
Lucas, 12, 15, 38, 72, 76, 83, 86

M

Maclaren, Alexander, 64
malas noticias, 9
Mateo, 8, 11, 21, 85
memorización, 56
mensaje, 3, 8, 9, 9, 10, 11, 14, 21, 23,
        25, 26, 27, 29, 34, 35, 36, 39,
        42, 45, 47, 49, 50, 53, 57, 59,
        64, 71
meta, 5, 8, 20, 22, 41, 73, 90, 92
milagros, 15
Millikan, 12
motivación, 8
multiplicar la célula, 85

N

necesidades como grupo, 3, 79

niveles de receptividad, 17
nueva vida, 23, 73

O

obras de bondad, 25, 79, 80
obstrucción demoníaca, 37
Oikos, 29
oración, 17, 33, 34, 36, 37, 54, 55,
        56, 57, 59, 73, 74, 78, 86, 89,
        90, 91, 92

P

Pablo, 9, 10, 16, 23, 29, 33, 35, 39,
        45, 50, 58, 64, 65, 66, 72, 80
Padre, 8, 12, 53
Palabra de Dios, 15, 16, 45
pasatiempos, 29
Patricio, 71
Pedro, 5, 36, 66, 72
perdón, 5, 31, 73, 76
persona de paz, 37, 38, 46
Pesca con una red, 3
planta, 15, 16, 17
poder, 9, 11, 12, 13, 22, 23, 54, 55,
        57, 61, 63, 64, 67, 68, 73, 75,
        82
preguntas, 32, 35, 39, 40, 42, 45, 57,
        63, 77, 86, 89, 90, 92
preocupación, 36
presentación, 32, 47, 48, 52, 53, 54,
        55, 56, 59
programas, 29, 31
protección, 37
puertas abiertas, 3,35, 36, 41, 46, 47

R

recibir a Jesús, 17, 19, 32, 52, 55,
    56, 68
recursos, 2, 19
red, 3, 23, 72, 77, 78
regeneración, 32
religión, 20. 40, 41, 42, 53
responder a las necesidades, 81, 87
Reyes, 9
Romanos, 9, 8, 10, 11, 47, 49, 50,
    51, 52, 53, 54, 59

S

salvación, 9, 10, 11, 17, 45, 50, 74,
    75
Salvador, 17, 24, 44, 52, 65
selección, 31
semilla, 3, 15, 16, 17, 20, 22, 24, 31
sencillo, 51, 52, 53, 57, 59
sermones, 64
servir, 31, 44, 66, 81
silla vacía, 74, 86
sobrenatural, 19, 42, 47
sólo Dios puede convertir, 56

T

temor, 47, 68, 83
tensión, 42, 43
testigo, 12, 18, 63
testimonio, 19, 23, 41, 45, 47, 61, 62,
    63, 64, 65, 66, 67, 68, 69
Tiempo de Testimonio, 84, 85
Timoteo, 58, 64
Titanic, 9
Tito, 48

trabajo, 16, 19, 20, 31, 35, 38, 39, 42,
    43, 46, 77, 90, 91
transformar, 9
transparente, 75, 77, 91

U

Universidad de Wheaton, 18

V

vecino, 38, 45, 71
verdad, 11, 17, 45, 53, 57, 58, 63, 68,
    71, 78, 86
vergüenza, 12
vida cristiano, 19
volcán, 15
voluntad, 58, 89

W

www.creedrecursos.es, 8, 89, 90
www.joelcomiskeygroup.com, 1, 2,
    8, 89, 90

CPSIA information can be obtained at www.ICGtesting.com
Printed in the USA
BVOW01s0513171013

333999BV00008B/141/P